福岡周辺 ご朱印めぐり旅 乙女の寺社案内

月刊はかた編集室 著

メイツ出版

目次

福岡周辺 ご朱印めぐり旅 乙女の寺社案内

御朱印めぐりで寺社を訪れる前に、まずは由緒やご利益をチェックしておきましょう。きっと心に残る御朱印めぐりの旅になるはず。

1 太宰府天満宮

受験生は特にお世話になっています。

＊福岡／太宰府

2

菅原道真公が子どもと学びを見守る

3

菅原道真公の御霊を偲び祀るため墓所に造られた太宰府天満宮は、九州はもとより国内外から年間[illegible]万人もの参拝者が訪れる「天神さま」全国一万二千社にのぼる「天神さま」の総本宮です。

文武両道、最高位の博士としても知られた道真公を祀る天満宮とあって子どもの健やかな成長と学業上達、受験祈願のために訪れる人も多く、特に受験シーズン前は熱心に手を合わせる家族連れの姿が見られます。

季節ごとに様々な表情が見られるのも大きな魅力で、春は桜、初夏は菖蒲、秋は紅葉、冬は梅といった四季折々の花木を楽しむことができます。訪れる度に季節を感じながら散策してみましょう。境内には、主人である道真公を追って京の屋敷から飛んできたという言い伝えのある「飛梅」がご神木として守られています。

参拝後は、参道から直通トンネルを歩いて訪れることができる「九州国立博物館」もお忘れなく。

4

季節ごとに行われる神事やイベントも、雅な雰囲気のものが多く見られる※写真は3月の「曲水の宴」

太宰府天満宮～太宰府～福岡　10

1 寺社名

( ) 内は通称

2 メインカット

社殿や本堂など、その寺社を象徴する画像です。

3 寺社の特徴

由緒、ご利益、周辺の環境、境内の雰囲気など、様々な視点から寺社の特徴を紹介します。

4 サブカット

メインカットだけでは表せない、その寺社の見どころをお伝えする画像です。

※同じ神仏でも漢字の異なる箇所がありますが、
それぞれの寺社での表記を記しています。
※本書に掲載しているデータは、2015年12月のものです。

本書の見方・使い方

5 御朱印

6 授与品等

御朱印帳、御守、絵馬や、その他の見どころなど、寺社の魅力を紹介します。

7 インフォメーション

住所、連絡先、参拝時間、交通アクセスなど。

8 お参りのあとに

ホッとできるカフェ、美味しいレストラン、きれいな景色が広がる公園など、お参りの後に立ち寄りたいスポットを紹介します。

8
お参りのあとに♪
名物の梅ヶ枝餅。「天神さまの日」の毎月25日限定でよもぎ入りが登場します。ギャラリーを併設している「かさの家」では茶房もあり、お抹茶と一緒にほっとひと時。

かさの家
福岡県太宰府市
宰府2-7-24
TEL 092-922-1010
[営業時間] 9:00～18:00
無休

7
Information

太宰府天満宮
福岡県太宰府市宰府4-7-1
TEL 092-922-8225
[参拝時間] 6:30～19:00
(春分の日～秋分の日前日 6:00～)
(6/1～8/31～19:00)
[御朱印料] 300円
(御朱印・御守の授与 9:00～19:00)
[アクセス] 西鉄太宰府駅より
徒歩5分
http://www.dazaifutenmangu.or.jp

5
御朱印
中央にご神木でもある梅の印が押されていてあたたかみを感じる御朱印

6
Pick up
太宰府天満宮らしく梅の刺繍が可愛らしい２種類の御朱印帳。若草色と紫色、雰囲気が違うので好みに合わせてチョイスしよう。各1,000円

お守りにも梅のモチーフが使われているので、身につけておくにも可愛い。梅の花デザインの刺繍が入ったものや、梅の種を使ったものなども。700円

Must item

受験生御用達の鉛筆。学校や塾の先生たちが大量に購入することも多い。最近はマークシート用の鉛筆もある。500円

11

御朱印頂き方ガイド

御朱印をいただく時には神様や仏様に失礼のないようにしたいものです。ここでは、神社で御朱印をいただくまでの流れと作法をご紹介します。

はじめに

参拝に行く前に…

意外と重要なのが、参拝に行く前の準備です。

• 不敬にならない服装で

改まった服装でなくても良いですが、神様や仏様に失礼のないよう、ジーンズなど、カジュアルすぎるものや、露出の多いものは避けた方が良いでしょう。

• 御朱印の受付時間を確認

御朱印をいただける曜日や時間が決められていますので、あらかじめ確認しておきましょう。

• 小銭の用意を忘れずに

御朱印をいただく際の初穂料・納経料は、300円という所が多いです。おつりのないよう、小銭の用意もしましょう。

協力：東京大神宮

1 着いたらまず一礼

入口に立つ鳥居の前で一礼をします。帽子、サングラスを外し、携帯電話はマナーモードに設定しましょう。

お寺では…

基本的には神社と同じ流れで御朱印をいただきます。山門の前で一礼をしましょう。

2 手《ちょう》水《ず》舎《や》でお清め

・右手で柄杓《ひしゃく》を取って、水を汲み、まずは左手を清める

・左手に柄杓を持ち替え、右手を清める

・右手に柄杓を持ち替え、左手に受けた水で口をすすぐ

・左手を再び清める

・柄杓の柄を立てて残った水で柄杓を清め、元の位置に戻す

柄杓も清めて終了！

3 参拝しよう

御朱印をいただく前に、まずは参拝をしましょう。神社でのお参りの作法は「二拝二拍手一拝」が一般的です。体をしっかりと九〇度まで曲げて礼をします。

・お賽銭を納め、鈴がある場合は鈴を鳴らす
・二度、深く礼をする
・右手を少し下にずらし、二度、拍手する
・祈願した後、もう一度、深く礼をする

※「二拝二拍手一拝」の前後に会釈を行うと、より丁寧です。
※地方によって、異なる作法の神社もあります。

お寺では…

お寺は、住職やその家族が生活する場でもあるので、音を立てないのがルールです。一礼し、お賽銭を納めた後は、静かに合掌しましょう。

4 御朱印をいただく

社務所・納経所に向かい、御朱印のお願いをしましょう。その際は、書いてほしいページを開いて御朱印帳を渡します。神社やお寺でいただいた由緒書などをはさんでいる場合は抜き取りましょう。書いていただいている最中は静かに待ち、受け取る時にお礼を言い、初穂料・納経料を納めます。

・御朱印は、お札や御守と同じように尊いものです。ノートやサイン帳に書いていただくのは大変失礼なことなので、専用の御朱印帳を用意しましょう。
・御朱印帳が戻ってきたら、自分のものかどうか、必ず確認しましょう。
・教義や諸事情により、御朱印をいただけない所もあります。決して無理強いをしないようにしましょう。

帰るときも一礼を忘れずに

コラム・御朱印について

近年、密かなブームとなっている御朱印めぐり。「そもそも御朱印ってなに？」という方のために、御朱印や御朱印帳について簡単にご説明します。

御朱印とは

御朱印は、元々、お寺に参拝した際に写経をして、それを奉納した証としていただけるものでした。お寺で御朱印をいただく際の「納経料」という言葉も、ここからきています。現在は、初穂料・納経料を納めればどなたでもいただくことができますが、御朱印めぐりを単なるスタンプラリーのように考えてはいけません。御朱印に押される印はそれ自体が神様・仏様の分身のようなものです。神様や仏様をはじめ、書いてくださる神社やお寺の方に感謝をして、御朱印一つ一つの尊さを感じながら、御朱印めぐりをしましょう。

保管方法

たくさんの神社やお寺をめぐるうちに、魅力的なデザインの御朱印帳と出会い、御朱印帳が増えてしまうというのはよくあることです。本来は仏壇や神棚などで保管するのが望ましいのですが、本棚の一角など、分かり易い場所に保管しても良いでしょう。大切に保管して、粗末な扱いにならないように気を付けたいところです。

また、有名な神社やお寺では参拝者も多く、御朱印帳を紛失したり、間違えて他人のものを持ち帰ってしまったということもありえます。万が一の場合に備え、御朱印帳には氏名や連絡先を書いておくとよいでしょう。

御朱印帳

御朱印帳がなくても、半紙などに御朱印を書いて渡してくださる神社やお寺も多いですが、なかには御朱印帳のみに押印をしている所もあるので、やはり御朱印帳を用意することが望ましいでしょう。ノートやメモ帳などを差し出さないようにしてください。

御朱印帳は文房具店や書店などでも購入することができますが、オリジナルの御朱印帳を作っている神社やお寺も多くあります。それぞれの由緒や御祭神・御本尊に関する様々な絵柄が描かれているので、御朱印帳にも注目すると御朱印めぐりがより一層楽しいものになるでしょう。

福岡エリア

太宰府天満宮

受験生は特にお世話になっています。

＊福岡／太宰府

菅原道真公が子どもと学びを見守る

菅原道真公の御霊を偲び祀るため墓所に造られた太宰府天満宮は、九州はもとより国内外から年間七〇〇万人もの参拝者が訪れる、全国一万二千社にのぼる「天神さま」の総本宮です。

文武両道、最高位の博士としても知られた道真公を祀る天満宮とあって子どもの健やかな成長と学業上達、受験祈願のために訪れる人も多く、特に受験シーズン前は熱心に手を合わせる家族連れの姿が見られます。

季節ごとに様々な表情が見られるのも大きな魅力で、春は桜、初夏は菖蒲、秋は紅葉、冬は梅といった四季折々の花木を楽しむことができます。訪れる度に季節を感じながら散策してみましょう。境内には、主人である道真公を追って京の屋敷から飛んできたという言い伝えのある「飛梅」がご神木として守られています。

参拝後は、参道から直通トンネルを歩いて訪れることができる「九州国立博物館」もお忘れなく。

季節ごとに行われる神事やイベントも、雅な雰囲気のものが多く見られる※写真は３月の「曲水の宴」

お参りのあとに♪

名物の梅ヶ枝餅。「天神さまの日」の毎月25日限定でよもぎ入りが登場します。ギャラリーを併設している「かさの家」では茶房もあり、お抹茶と一緒にほっとひと時。

かさの家

福岡県太宰府市
宰府 2-7-24
TEL 092-922-1010
［営業時間］9：00～18：00
無休

Information

太宰府天満宮

福岡県太宰府市宰府 4-7-1
TEL 092-922-8225
［参拝時間］6：30～19：00
（春分の日～秋分の日前日 6：00～）
（6/1～8/31～19：00）
［御朱印料］300円
（御朱印・御守の授与 9：00～19：00）
［アクセス］西鉄太宰府駅より
徒歩5分
http://www.dazaifutenmangu.or.jp

御朱印

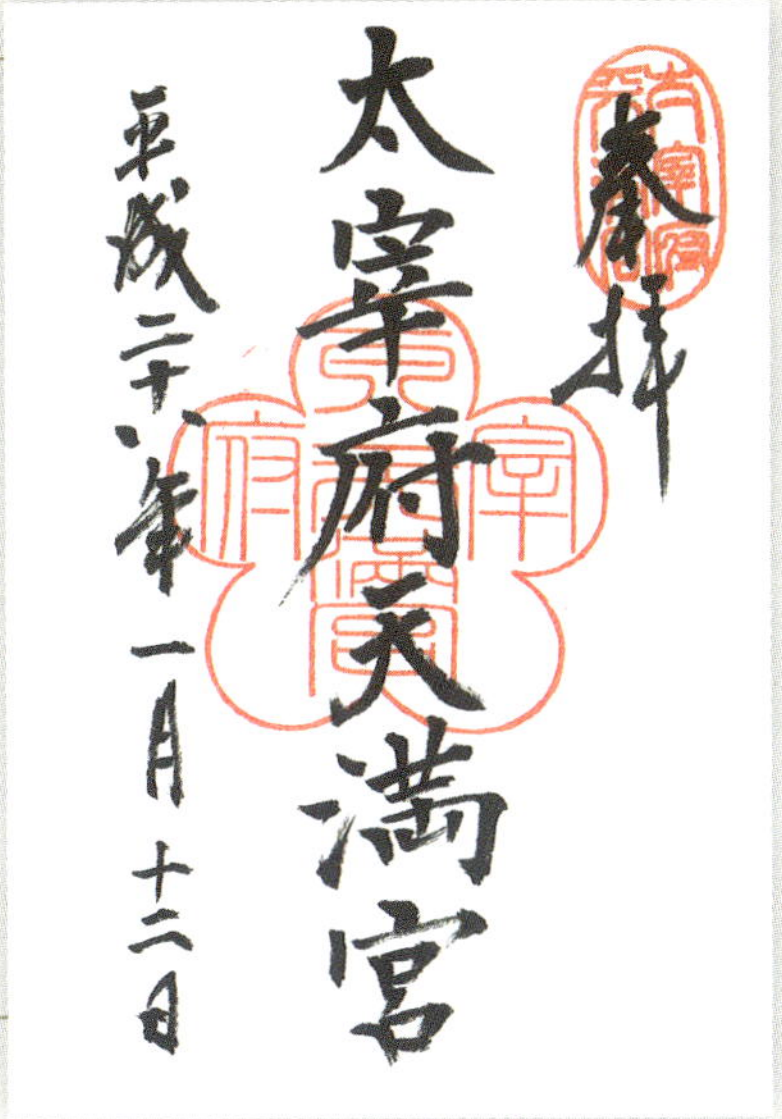

中央にご神木でもある梅の印が押されていてあたたかみを感じる御朱印

Pick up

太宰府天満宮らしく梅の刺繍が可愛らしい２種類の御朱印帳。若草色と紫色、雰囲気が違うので好みに合わせてチョイスしよう。各1,000円

お守りにも梅のモチーフが使われているので、身につけておくにも可愛い。梅の花デザインの刺繍が入ったものや、梅の種を使ったものなども。700円

Must item

受験生御用達の鉛筆。学校や塾の先生たちが大量に購入することも多い。最近はマークシート用の鉛筆もある。500円

五メートル級の仏像に出会う

清水山《せいすいざん》 観世音寺《かんぜおんじ》

＊福岡／太宰府

巨像ずらり揃い踏み

大宰府政庁に接して建てられており、天智天皇が亡き母のために建立したとされ、『続日本紀』にもその名を記す古刹です。境内には、国宝にも指定されている日本最古の梵鐘や、創建時のものと思われる石臼など歴史の面影がいたるところに残されており、奈良の東大寺や栃木の下野薬師寺と並び「天下の三戒壇」に数えられています。

お参りの際には、本堂はもちろん、宝蔵へ足を運ぶこともお忘れなく。昭和中期に建てられた収蔵庫には、平安時代から鎌倉時代の間に造られた仏像が収蔵されています。展示室への階段を上がっていくと、次第に見えてくるご尊顔。大きなもので五メートル以上の木彫りの仏像や観音像がずらりと並び、見る者を圧倒します。仏像たちに囲まれて暫し時を忘れてしまいそう。仏像の説明が音声ガイダンスで流れているので、それを聞きながら向き合いましょう。

宝蔵。一階の受付で御朱印を受け、宝蔵を見学する場合は入館料を払って二階へ上がる

お参りのあとに♪

大宰府政庁前にあるお茶屋さん。茶所として知られる福岡八女星野村の上質な茶葉を中心に揃え、喫茶スペースで味わうこともできる。

御茶司
三十三《みとみ》茶屋

福岡県太宰府市
観世音寺 2-1-1
TEL 092-923-5511
［営業時間］ 10：00 ～ 17：00
［定休日］ 水曜日

御朱印

宝蔵の入口で御朱印を受けることができる。待つ間に仏像に会いにいこう

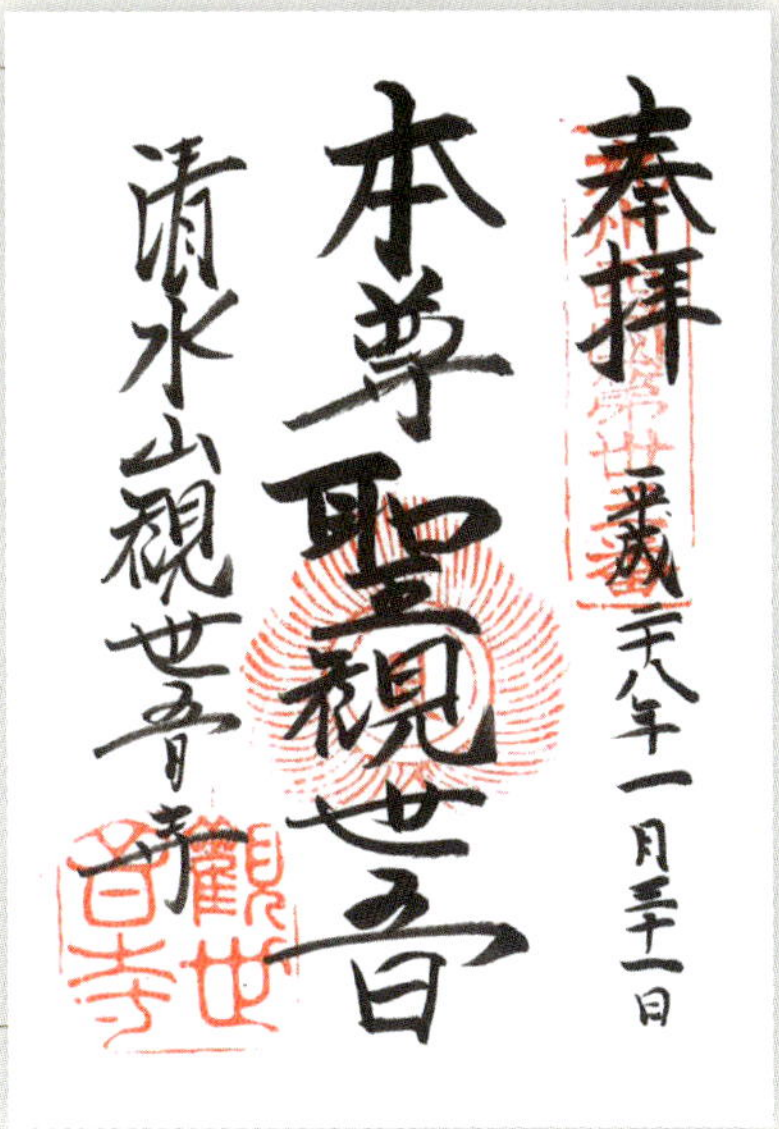

Pick up

宝蔵の観音坐像の前にお守りが置かれている。賽銭箱に授与料を入れる。100 円

ふたつ目のお守りは、日本最古の木造大黒天立像の前に。100 円

Must item

慶びの印とされる青海波模様を、厄を払うとされる七色で染めた腰紐「七色腰紐」。結婚や出産などのお祝いとして贈るにもおすすめ。500 円

Information

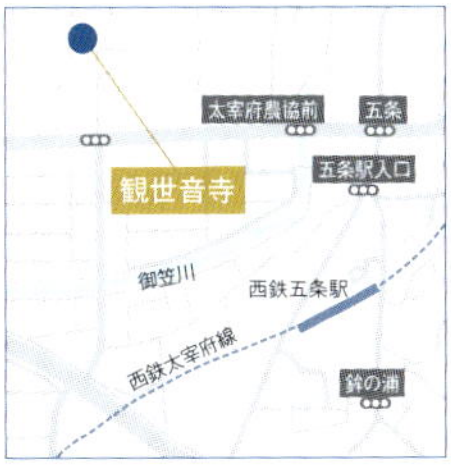

観世音寺

福岡県太宰府市観世音寺 5-6-1
TEL 092-922-1811
［参拝時間］ 9：00 ～ 17：00
（宝蔵入館は～ 16：30）
［御朱印料］ 300 円
［入館料］ 500 円
（御朱印・御守の授与 9：00 ～ 17：00）
［アクセス］ コミュニティバス「まほろば号」観世音寺バス停よりすぐ

女性心、くすぐりまくり。

宝満宮 竈門《かまど》神社

＊福岡／太宰府

遣唐使も祈願に参拝

大宰府政庁の鬼門除けのため宝満山に創建され、一三五〇年以上の歴史をもつ神社。山頂には上宮、麓には下宮があります。かつては最澄や空海など遣唐使として海外に渡る人たちや、海上貿易を行う船主たちが航海の安全と事業の成功を祈願するために宝満山に登り参拝していました。そうした事から、厄除けや事業成功の神様として厚い信仰を寄せられています。近年では、縁結びを祈願する女性たちの姿が多く見られており、平成二十四年には幅広い世代の方が気軽に足を運べるようお札お守り授与所と社務所をリニューアル。伝統的な神社建築が現代のスタイルとマッチし、清潔感と可愛らしさを合わせも

授与所は桜をイメージした可愛らしい色合い

洗練された雰囲気で女性心をぎゅっと掴んでいる

つ造りとなっています。また、社務所には太宰府の街を一望できる展望テラスを設け、世界的デザイナーのジャスパー・モリソンがデザインした石のベンチが設置されています。

四季の美しさに触れる

四季折々の美しさを楽しむことができる名所としても有名な竈門神社。境内の参道両脇には、春は神社の御神紋となっている桜が、秋には落ち葉の様子も風流な紅葉が周囲を染め上げ、非日常の空間へと誘ってくれます。また宝満山は、気軽に山登りを楽しめるスポットとしても人気で、カラフルなトレッキングウェアを着込んだ山ガールたちが本殿に参拝してから登山道に入る姿も見られます。山登りの安全を祈願し、無事に登頂できたら帰りにお礼の気持ちで参拝するのもいいですね。充実の一日が過ごせますよ。

宝満山の登山口は竈門神社本殿から歩いて約３分のところに

御朱印

御朱印帳を窓口で預けてまずは参拝を。授与所では可愛らしいデザインのお守りやおみくじを見るのも楽しい。

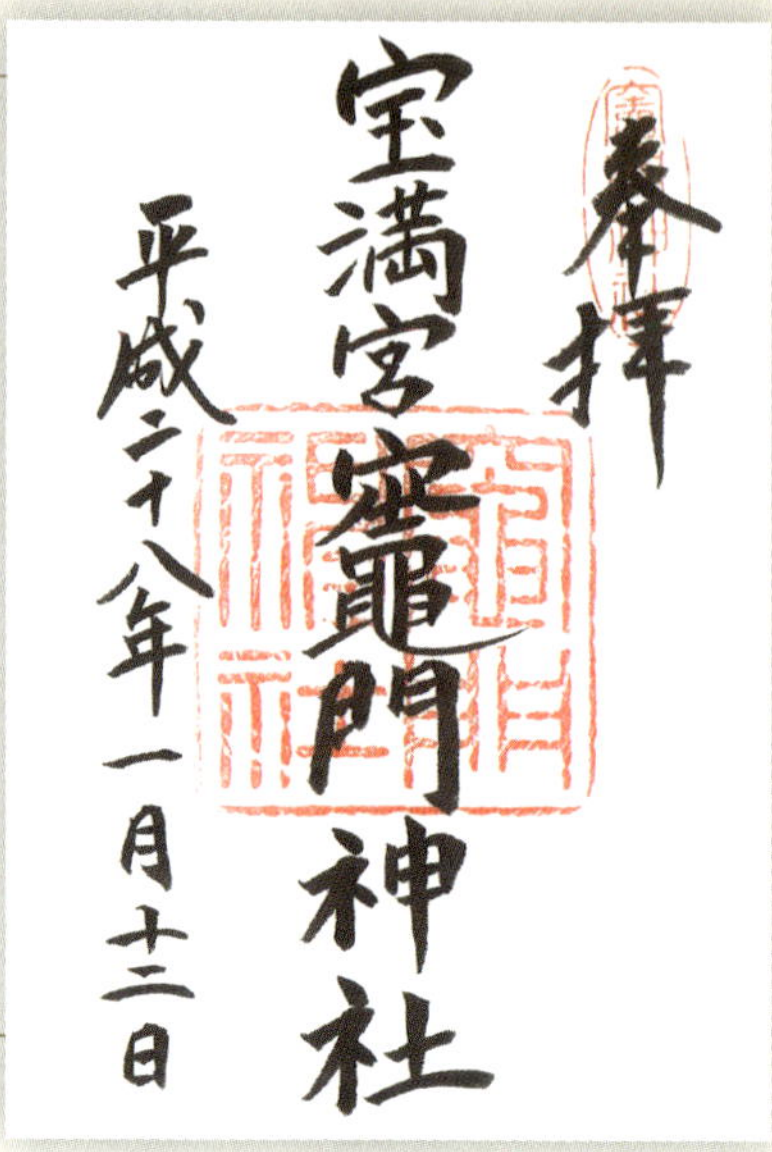

\ Pick up /

Must item

ブルーとピンクの２種類がある。どちらも桜がモチーフになっていて、専用の袋がある。2,000 円

夫婦でセットになったお守り。いつまでも仲のいい夫婦でいられますように

縁結びのお守りはコンパクトなのでいつも身につけておくのにも便利。700 円

お参りのあとに♪

手作りアップルパイが人気のカフェ。アンティークの家具や調度品がゆったりとくつろげる雰囲気を生み出す。

人と木

福岡県太宰府市
内山 636
TEL 092-929-6639
［営業時間］ 11：30 ～ 19：00
［定休日］ 月曜日

Lovely!

女性に大人気の「恋守り むすびの糸」。運命の赤い糸をブレスレットのように腕に巻く。1,500 円

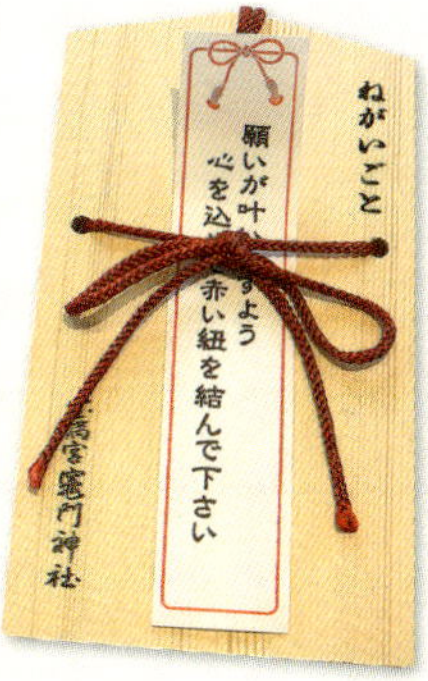

絵馬にもしっかりと運命の赤い糸。縁結びだけでなくお願いしよう。800 円

Information

宝満宮 竈門神社

福岡県太宰府市内山 883
TEL 092-922-4106
［参拝時間］ 終日
［御朱印料］ 300 円
（御朱印・御守の授与 8：00 ～ 19：00）
［アクセス］ コミュニティーバス「まほろば号」内山バス停そば
http://kamadojinja.or.jp

イチゴや糸巻きがモチーフになったかわいいお守りがたくさん！ おみやげとしても素敵

「天神」の地名はここに由来する

水鏡《すいきょう》天満宮

＊福岡／中央区

都心にたたずむ、道真公ゆかりの神社

菅原道真公が大宰府に流された際に、その身を川面に写したことを起源とする水鏡天満宮。もともとは薬院付近に「容見《すがたみ》天神」という名称で祀られていましたが、福岡城の築城に際して鬼門の守りとして黒田長政公により、現在の場所に移されました。九州で最も賑わう繁華街「天神」の地名はこちらに祀られる道真公に由来するものです。

　オフィスビルやアクロス福岡など大きな建物が多く建ち並ぶなかで、静けさと、凛とした厳かな空気が漂う、都心の聖域です。太宰府天満宮などと同じ、学問の神様として信仰を集めており、本殿南側にある鳥居に掲げられた「天満宮」の文字は福岡出身の総理大臣・広田弘毅が小学生の頃に書いた揮毫。参拝に際しては小規模の神社のため、御朱印やお守りの数に限りがあり、御朱印の授与を希望する際には事前連絡を入れておくことをお勧めします。

境内には道真公を蜂の群れから救ったとされる鷽（うそ／写真）や臥牛の像も見られる

お参りのあとに♪

明治後期に建てられた貴重な建物。設計は東京駅と同じ辰野金吾が手がけた。福岡ゆかりの文学のイベントや講演などが開催されている。

福岡文学館

福岡県福岡市
中央区天神 1-15-30
TEL 092-722-4666
［休館日］月曜日、年末・年始
［入館料］無料

御朱印

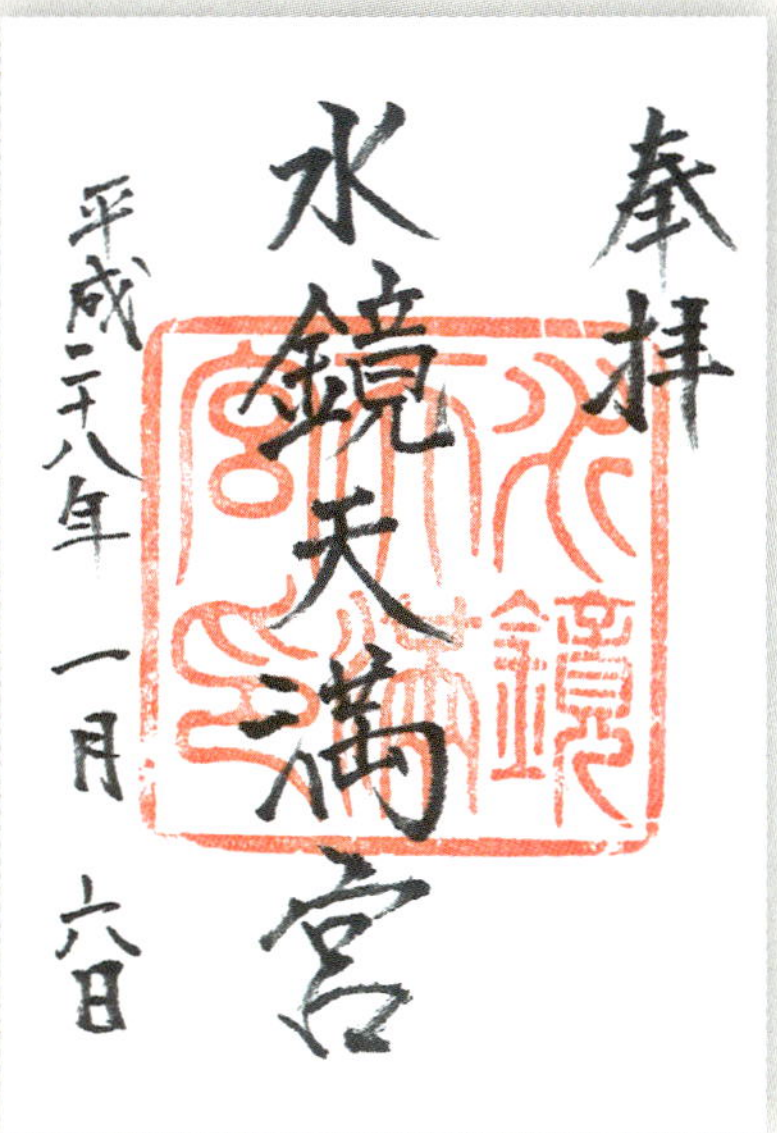

一日に授与できる数に限りがあるので、電話をしてから訪れることをおすすめする

Pick up

お守り　各 500 円
かわいいミニサイズも人気♪

Lovely!

ランドセルのカラーは赤と黒の２色。小学生におすすめ　800 円

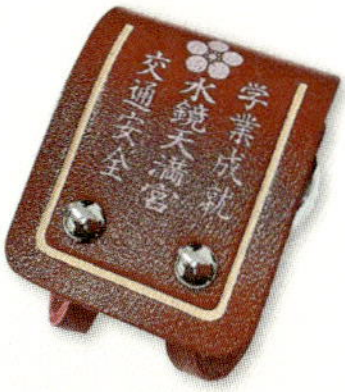

おみくじ　50 円
道真公ゆかりの梅の花が印されたおみくじ。道真公が描かれた絵馬（500 円）も

Information

水鏡天満宮

福岡県福岡市中央区天神 1-15-4
TEL 092-741-8754
［参拝時間］9：00 ～ 17：00
［御朱印料］300 円
（御朱印・御守の授与 9：00 ～ 17：00）
［アクセス］地下鉄天神駅より徒歩 5 分

警固《けご》神社

九州一の繁華街にあるパワースポット

＊福岡／中央区

都心部で癒しを求めるあなたに…

福岡市で最も賑わう商業地・天神の中心部にほど近い警固神社は、福岡藩黒田家の鎮守として福岡城築城の際に現在の場所に移されました。

こちらには災いや穢れを祓ってくれる八十禍津日神《やそまがつひのかみ》、善を司る神直日神《かみなおひのかみ》、大直日神《おおなおひのかみ》という三柱の神様が祀られています。事故や病気など様々な厄災から私たちを守り、善へ導き示してくれるのがこの神社の神様たちです。

敷地内には無料で利用できる足湯や持ち帰りできる御神水（空のペットボトルを購入できる）なども。ショッピングの途中に気軽にこの場所でちょっとひと息つく人たちの姿も少なくありません。

また、本殿のほかに稲荷社、今益神社の祠もあり、愛嬌あふれるおキツネさんの像や可愛らしいおみくじなど、こちらも参拝客で賑わっています。

毎月10月に開催される「月華祭」では、かぐや姫をテーマにしたパレードが天神を練り歩く

お参りのあとに♪

ひよ子本舗吉野堂が手掛けるスイーツショップ＆カフェ。バームクーヘンをメインに、色とりどりの焼き菓子が並ぶ。2Fはカフェで出来立てのお菓子やドリンクを楽しめる。

Frau
Atsuko Kayashina

福岡県福岡市中央区天神2-10-15
TEL 092-761-0145
［営業時間］11：00～20：00
（カフェ19：30LO）
不定休

御朱印

右肩の「天壌無窮《あめつちきわまりなし》」は、天と地が永遠に止まりなく続くという意味。御朱印を収めるオリジナルの御朱印帳を現在準備中だとか

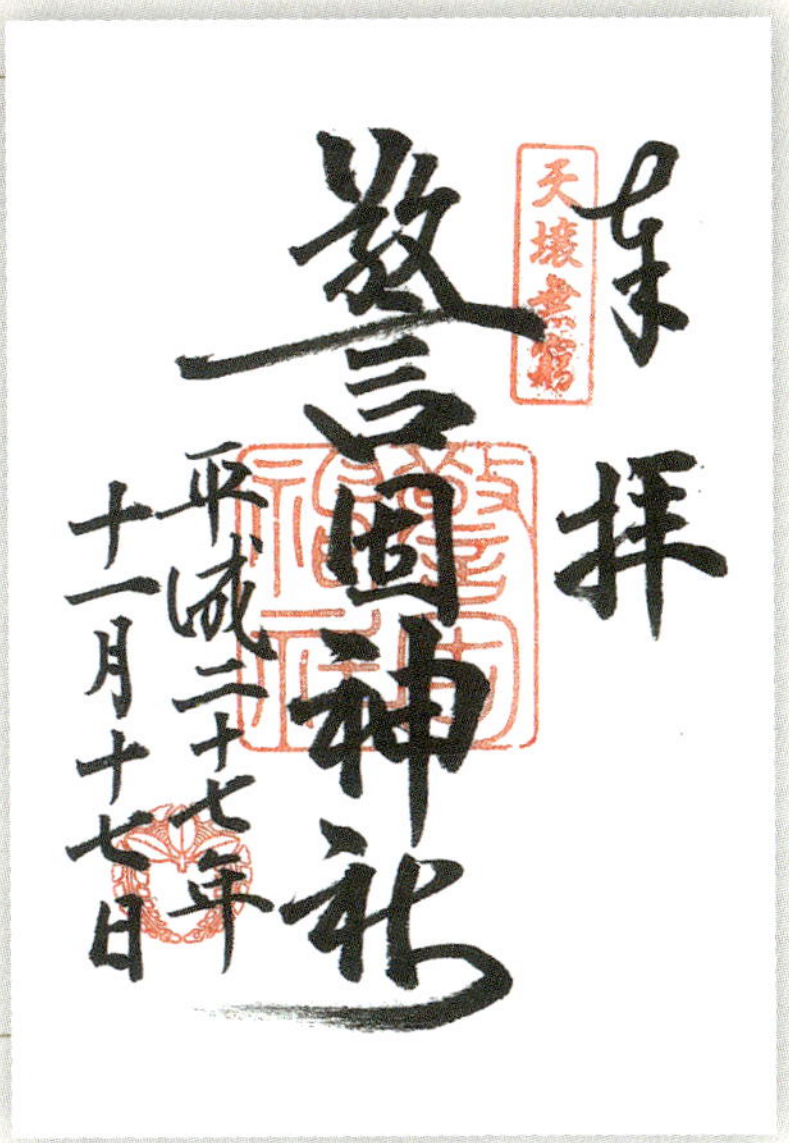

Information

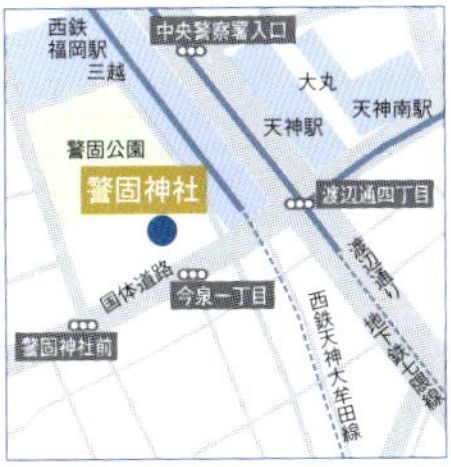

警固神社

福岡県福岡市中央区天神2-2-20
TEL 092-771-8551
［参拝時間］5：30～19：00
［御朱印料］300円
（御朱印の授与9：00～17：00、御守の授与9：00～18：00）
［アクセス］西鉄福岡（天神）駅より徒歩3分
http://www.kegojinja.or.jp/

Pick up

Check!

笑いきつねみくじ　500円。可愛いおキツネさんがあなたに運気を告げてくれるおみくじ

オリジナル手ぬぐい　1,000円
警固神社の社紋と今益神社のおキツネさんが描かれた2種類

御守りは全9種類。各800円～。左は警固り《いましめまもり》。警固神社の社紋である「固」の文字をあしらった博多織の御守り。病気や事故などから身を守るための祈願がされている

都心の中の鎮守の杜

福岡縣護國神社

＊福岡／中央区

感謝を抱き、平和を願う

最近注目のスポット大濠公園のそばにある鎮守の杜。そこに足を踏み入れると、交通量の多い九州屈指の都心部とは思えないほどの静かな空間が広がっています。創建は明治元年。福岡藩最後の藩主・黒田長知公をはじめとする人々が明治維新の戦乱で亡くなった御霊を顕彰するため祭祀を行ったのが始まりです。現在に至るまで国難のために殉じた多くの人々の御霊が祀られています。「英霊のご子孫の方が参られる場所と思われることもありますが、現代に生きる多くの人たちが、命に感謝し平和と幸福を祈る場所として気軽に足を運んでいただければと思います。近所の方が早朝のお散歩に立ち寄られることもあるんですよ」と神職の貞方大地さん。参道では蚤の市（年三回）が開催されるなど、憩いのエリアともなっています。

境内に設置されている
平和の像

お参りのあとに♪

神社向かいの老舗珈琲店。マスターのドリップの技はカウンター席で間近に見ることができる。京都から取り寄せる抹茶もおすすめ。

珈琲 ひいらぎ

福岡県福岡市
中央区六本松 3-16-33
TEL 092-731-1938
［営業時間］11：00 ～ 22：30
［定休日］月曜日

御朱印

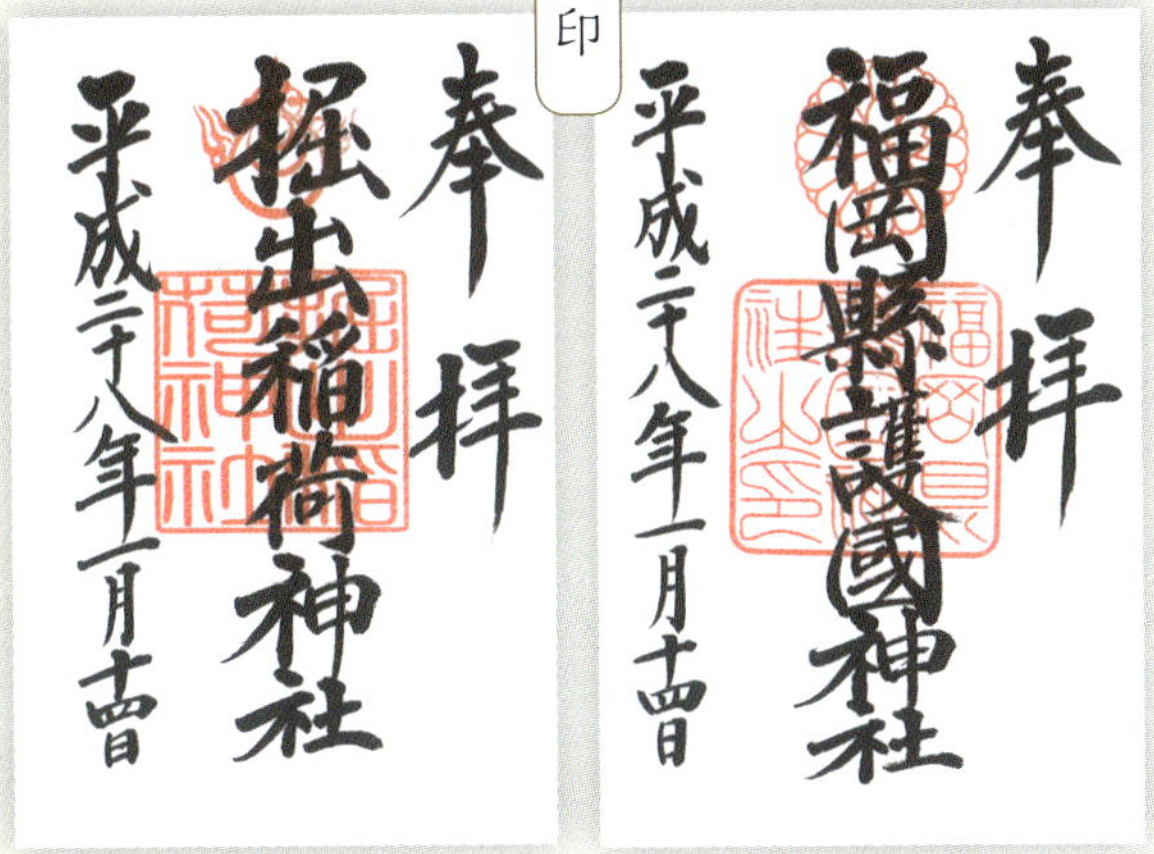

敷地内には掘出稲荷神社もあり、御朱印は二種類受けることができる

Pick up

カードケースやお財布などにも入るスリムなお守りが人気。各 700 円

女性に人気のかわいい「花まもり」と「幸福桜守」は携帯電話に。各 800 円

Must item

桜咲くように願いを込めて、受験生に「合格必勝守」を贈る人も多い。1,000 円

Information

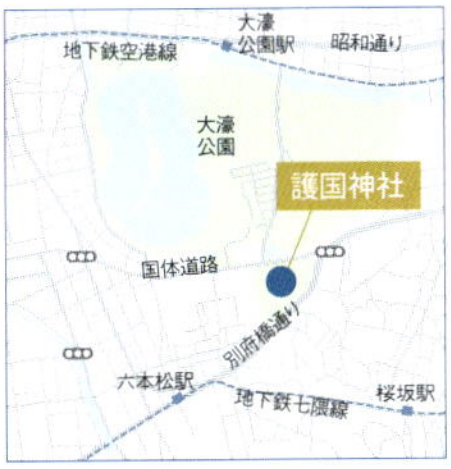

福岡縣護國神社

福岡県福岡市中央区六本松 1-1-1
TEL 092-741-2555
［参拝時間］終日
［御朱印料］300 円
（御朱印・御守の授与 9：00 ～ 17：00）
［アクセス］西鉄バス護国神社前バス停そば
http://fukuoka-gokoku.jp

紅葉の名勝地としても知られる

雷山千如寺大悲王院

＊福岡／糸島

多くの名将たちも尊崇した

成務天皇の時代、雷山の地主神であった雷大権現の招きでインドから渡来した僧・清賀上人が一七八年に「雷山千如寺」を開創したといわれています。その後、聖武天皇によって勅願道場となり、歴代天皇より論旨を賜り、天下の武将豪族などが競って尊崇したそうです。一七五二年には福岡藩主・黒田継高公が「大悲王院」を建立しました。

御本尊の十一面千手千眼観音菩薩をはじめ、二十八部衆に薬師如来像、不動明王など平安から室町時代といった頃からの貴重な古像も拝観することが出来ます。

また、室町時代につくられた心字庭園や大悲王院本堂横にある県指定天然記念物で樹齢四〇〇年の大楓など、美しさと雅趣をたたえた景色もぜひじっくりとご覧ください。美しい紅葉の時季は特におすすめですが、時間をかけてまわりたい方は、別のシーズンに訪ねてみるのもよいかもしれませんね。

木造つづら折りの階段を上がっていくと、斜面一面に五百羅漢の姿が

お参りのあとに♪

糸島のクラフト作品がぎゅっと集まった施設。こちらでお気に入りの一品を見つけて、直接工房を訪ねてみるのもおすすめ。不定期で作品展が行われていることも。

いとしま応援プラザ

福岡県糸島市
志摩初30
TEL 092-334-2066
［営業時間］10：00～18：00
［定休日］月曜日（祝日の場合は火曜日休み）

Information

雷山千如寺大悲王院

福岡県糸島市雷山626
TEL 092-323-3547
［参拝時間］9：00～16：30
［拝観料］400円
［御朱印料］300円
（御朱印・御守の授与 9：00～16：30）
［アクセス］前原ICより車15分
http://www.sennyoji.or.jp/

御朱印

「雷山観音」と「大明王」とそれぞれ記されているご朱印。各300円。
ご朱印帳は1,200円、1,500円、2,000円、2,500円

Pick up

肌身離さずに持つことで、様々な災いから守ってくれる、開創より伝わる由緒あるお守り。500円

Must item

安産や開運厄よけなど様々なお守りが揃う。
500円～

桜の名所で幸運を

光雲《てるも》神社

＊福岡／中央区

黒田如水・長政親子を祀る

福岡屈指の桜の名所、西公園。その高台にある光雲神社は、福岡藩の藩祖である黒田如水公と初代藩主・黒田長政公を祀る神社です。二人の法名から一文字ずつを受けて名付けられました。神社の名前が「こううん」と読むことができることから、「幸運を授けてくれる神社」としても知られています。境内には「黒田武士」のモデルとなった母里太兵衛の像が建てられているほか、長政公が戦の時に愛用していた水牛の兜の像もあります。大河ドラマ『軍師官兵衛』が放送されて以降は、県外からも多くの歴史ファンが足を運ぶようになりました。

参拝の時に、ちょっと耳を澄ませてみましょう。お賽銭を投入すると、幸運を呼ぶ鶴の声が聞こえてきます。頭上を見上げると、鶴の天井画が描かれています。

小高い丘の上にあるので、境内からの見晴らしもバツグン。展望所からは、博多湾を一望することができます。

境内には、母里太兵衛の像と水牛の兜の像が置かれている

お参りのあとに♪

黒田親子が築いた福岡城の外濠は、現在は「大濠公園」として市民の憩いのスポットになっている。園内にはボートハウスやカフェもあり、休日は家族連れやカップルで賑わう。

大濠公園

福岡県福岡市中央区大濠公園 1
TEL 092-741-2004

御朱印

黒田家の家紋である藤巴の印が押されている

Pick up

黒田如水（官兵衛）の赤合子兜と家紋の藤巴がお守りに刺繍されている。
700 円

Must item

扇子の形のおみくじも大人気。可愛いキーホルダーにも。300 円

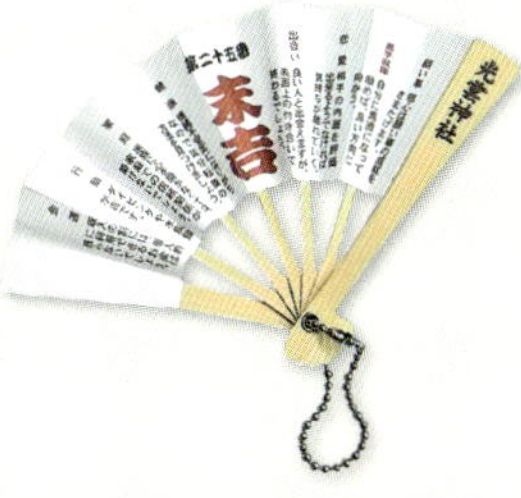

桜の名所らしいおみくじ「桜咲くみくじ」。赤いハートの鈴はストラップに。
300 円

Information

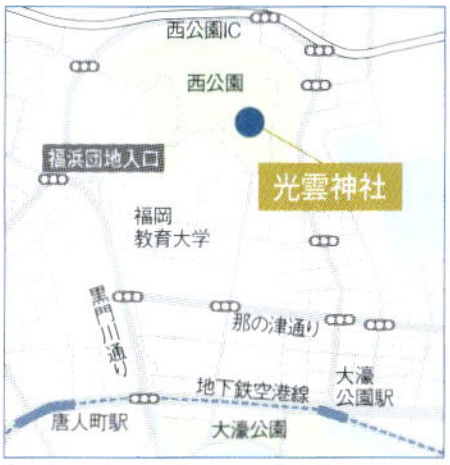

光雲神社

福岡県福岡市中央区西公園 13-1
TEL 092-761-1807
［参拝時間］終日
［御朱印料］300 円
（御朱印・御守の授与 9：00 ～ 17：00）
［アクセス］西鉄バス大濠公園バス停より徒歩 10 分

山笠がある博多総鎮守

櫛田神社《くしだ》

＊福岡／博多区

外国語のおみくじも。博多の人気スポット

博多総鎮守、お櫛田さんの愛称で博多っ子に親しまれている神社は、福岡観光の人気スポットでもあります。

七月に行われる博多祇園山笠はここ櫛田神社に奉納されるお祭り。境内には十メートルを超える飾り山笠が常設されており、また歴史が学べる資料館もあるので、参拝のついでに見学するのもおすすめです。

本殿そばには鶴のオブジェが飾られた霊泉が涌き出ていて、この水を飲むと長生きできると言われています。博多っ子の元気を分けてもらいましょう。ちなみに本殿の屋根には、風神と雷神、山門にはカラフルな十二支をかたどった彫刻があります。厳かな神社の雰囲気を生み出す職人技にも注目してください。

二月の節分には山門にお多福が飾られたり、秋にはお神輿や牛車、お稚児さんの行列が練り歩く博多おくんちがあるなど、四季ごとのお祭りもみどころです。

霊泉鶴の井戸は不老長寿のご利益があるとされる

お参りのあとに♪

打ち立ての蕎麦や丼もののほかに、蕎麦を使ったぜんざいやケーキなど甘味メニューも充実している。

信州そば むらた

福岡県福岡市博多区
冷泉町 2-9-1
TEL 092-291-0894
［営業時間］ 11：30 ～ 21：00
［定休日］ 第 2 日曜日

御朱印

お櫛田さんの神紋が押された御朱印状。山笠期間中の“キュウリ絶ち”の由来になったキュウリの切り口に似せた神紋は祇園社のもの

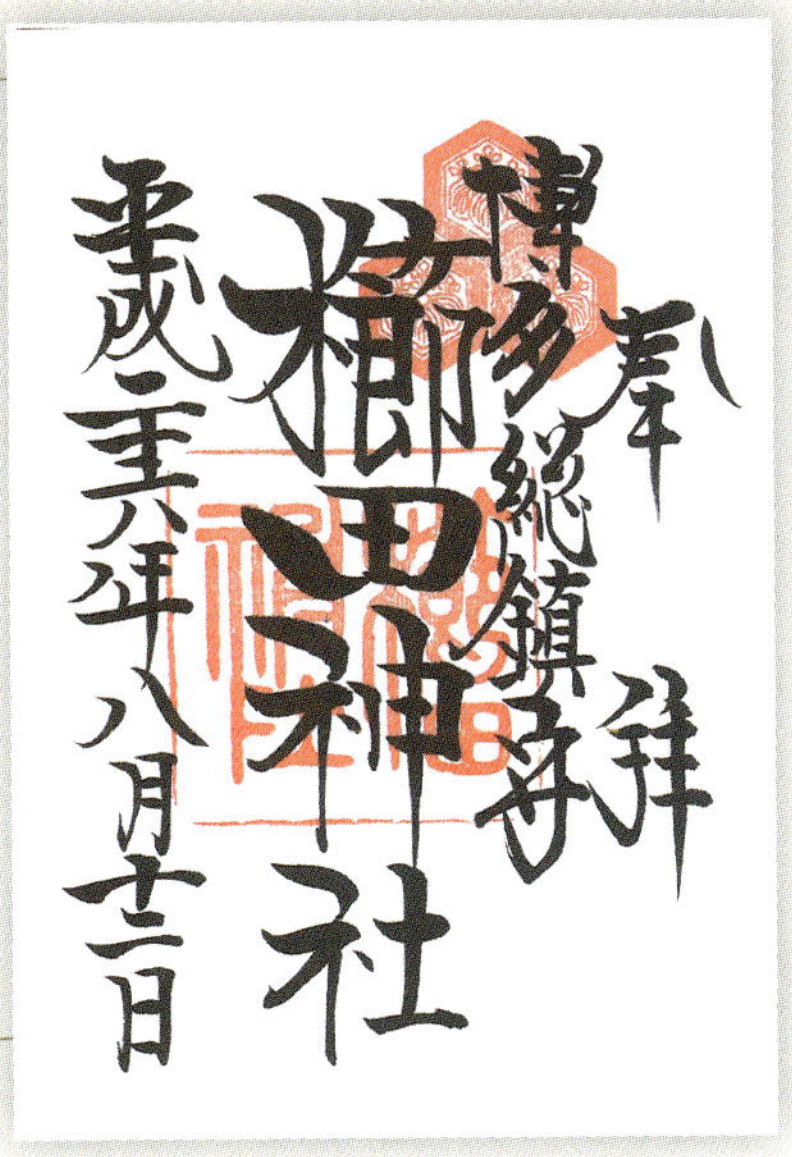

Pick up

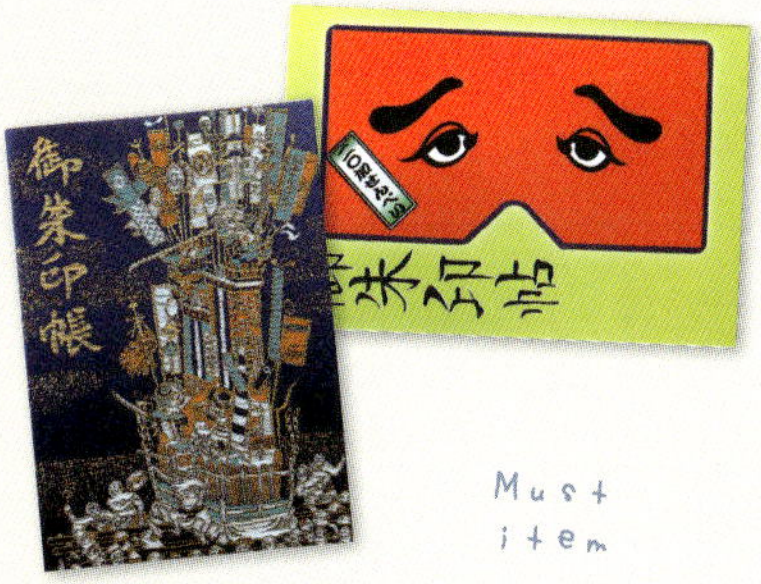

Must item

御朱印帳 1,000 円（全 2 種）

博多織でできたお守り。かわいいミニサイズも。各 800 円

その年の干支の動物が山笠の法被をまとっているイラストが描かれている。500 円

Information

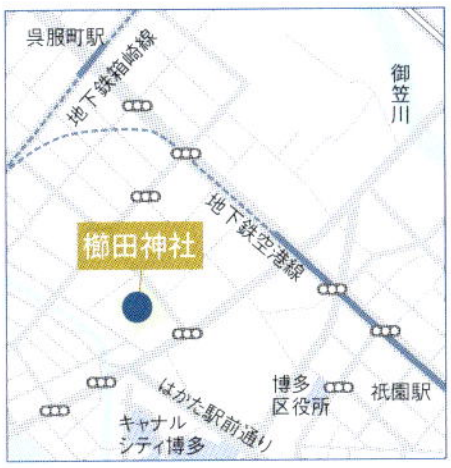

櫛田神社

福岡県福岡市博多区上川端町1-41
TEL 092-291-2951
［参拝時間］ 4：00 ～ 22：00
［御朱印料］ 300 円
（御朱印・御守の授与 9：00 ～ 17：00）
［アクセス］ 地下鉄祇園駅より
徒歩 5 分

高宮八幡宮

樹々が風にそよぎ、心地よい空気に包まれる

＊福岡／南区

地域に愛される霊験あらたかな氏神様

天智天皇が磐瀬（現在の西鉄高宮駅東方）の行宮におられた際、神功皇后の縁の地として神さまをお祀りになったのが高宮八幡宮の始まりだと伝えられています。一度、高宮の宮の尾に移った後、現在の場所へ。その際、福岡藩主・黒田長政公、忠之公によって本殿と鳥居が寄進されました。当時、那珂郡十七カ所の鎮守神、高宮・平尾・野間の氏神とされ、現在までこの地を見守り続けています。

それから四〇〇年。「遷宮四〇〇年記念事業」としておよそ十年の歳月をかけて、二〇一二年に本殿・拝殿などが新たに造営されました。

由緒正しい、歴史あるお宮ですが、地元に暮らす人たちのよりどころとなっており、初詣に始まり、様々な歳時の折りや、ご祈願などで家族代々訪れる人たちも多いといいます。散歩しながら立ち寄りたくなるような、生活のそばにある氏神様です。

境内に祀られている「恵比寿様」と「大黒様」

お参りのあとに♪

唐津・呼子の名店が装いも新たに福岡へ。食材の持つ旨味を引き出す低温調理とシェフのセンスが光る一皿を求めて通う人たちが多い。

まずは気軽にランチからいかが？

食堂 セゾンドール

福岡県福岡市南区
高宮 1-3-32 1F
TEL 092-524-0432
［営業時間］12:00～14:30（LO）、
17:00～21:00（LO）

御朱印

高宮八幡宮と角印で記されたシンプルなスタイルのご朱印。
300円

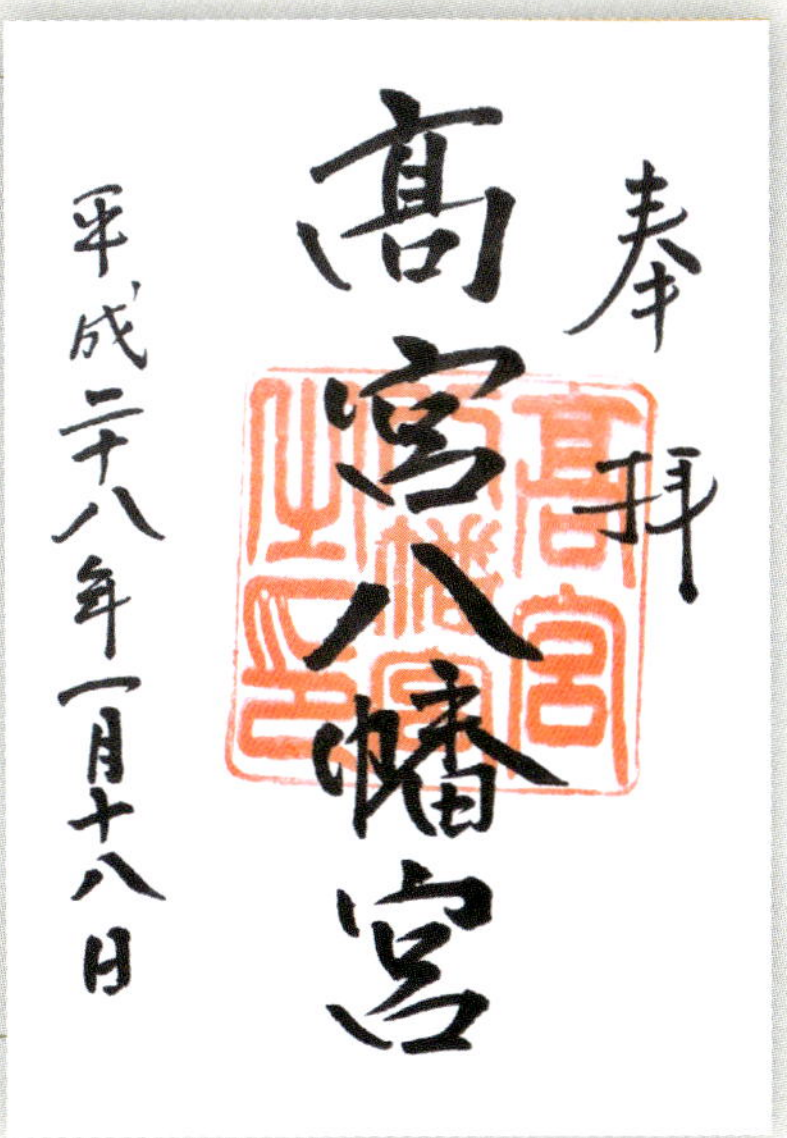

Pick up

お正月にご祈願された方には手作りの福笹が渡される。魔除けにもなるご神木の山桃の種とお札、そして干支かわらけが付いてくる

Must item

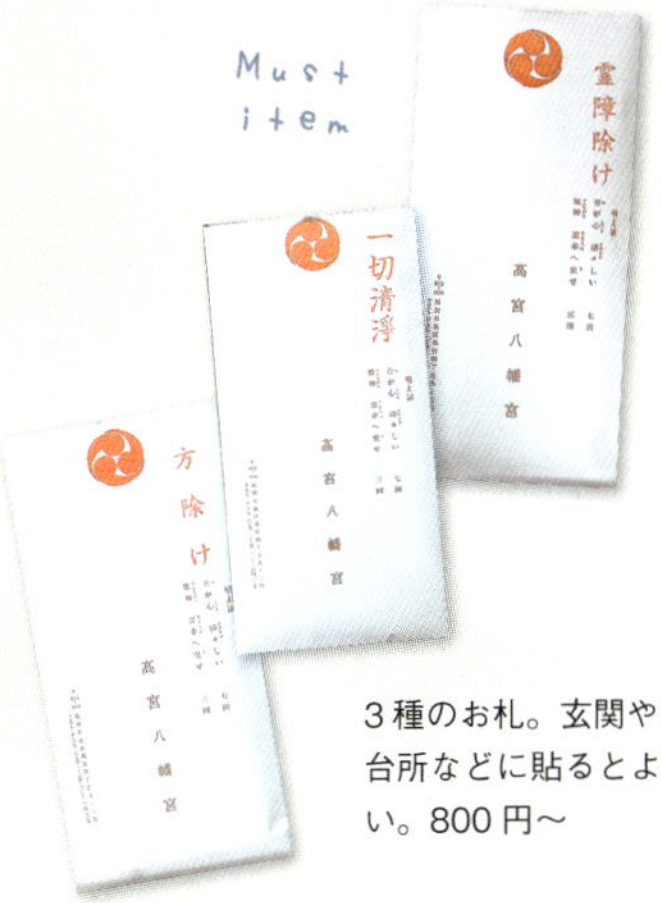

3種のお札。玄関や台所などに貼るとよい。800円～

交通安全や家内安全、商売繁盛など様々なお守りが揃う。800円～。可愛い「こどもまもり」も人気

Information

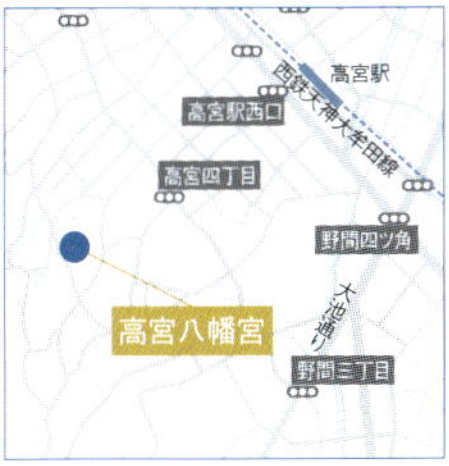

高宮八幡宮

福岡県福岡市南区高宮 4-9-34
TEL 092-522-8435
［参拝時間］9：00 ～ 17：00
［御朱印料］300円
（御朱印・御守の授与 9：00 ～ 17：00）
［アクセス］西鉄高宮駅より徒歩７分
http://www.takamiyahachimangu.com

多くのスターもお参りに

住吉神社

＊福岡／博多区

八〇〇〇坪の敷地に多彩な神様

筑前國一之宮として、また日本三大住吉神社の一社として知られる住吉神社。JR博多駅から徒歩十分という都心部にありますが、その昔は、目の前に海が広がる航海の神様として貿易商人たちの信仰を集めていました。その由来で、現在も交通・旅行安全を祈願する人が多く訪れます。

境内には本殿のほかに、商売繁盛や勉学、縁結び等々、様々な神様が祀られています。芸能の神としても知られ、有名アーティストや芸能人たちも福岡でのコンサートや舞台の折りには参拝するそうです。

そして、パワースポットの古代力士像や恵比須像にもお参りを。古代力士像の手相には「力」の文字が彫られており、その手に触れると多くの福を受けられるといわれています。

パワースポットとして知られている古代力士像。「手」に触れてみよう！

お参りのあとに♪

博多の台所、柳橋連合市場を散策してみよう。少量から購入できる揚げたて蒲鉾を食べながら市場の活気を楽しみたい。

柳橋連合市場

福岡県福岡市
中央区春吉 1-5-1
TEL 092-761-5717

御朱印

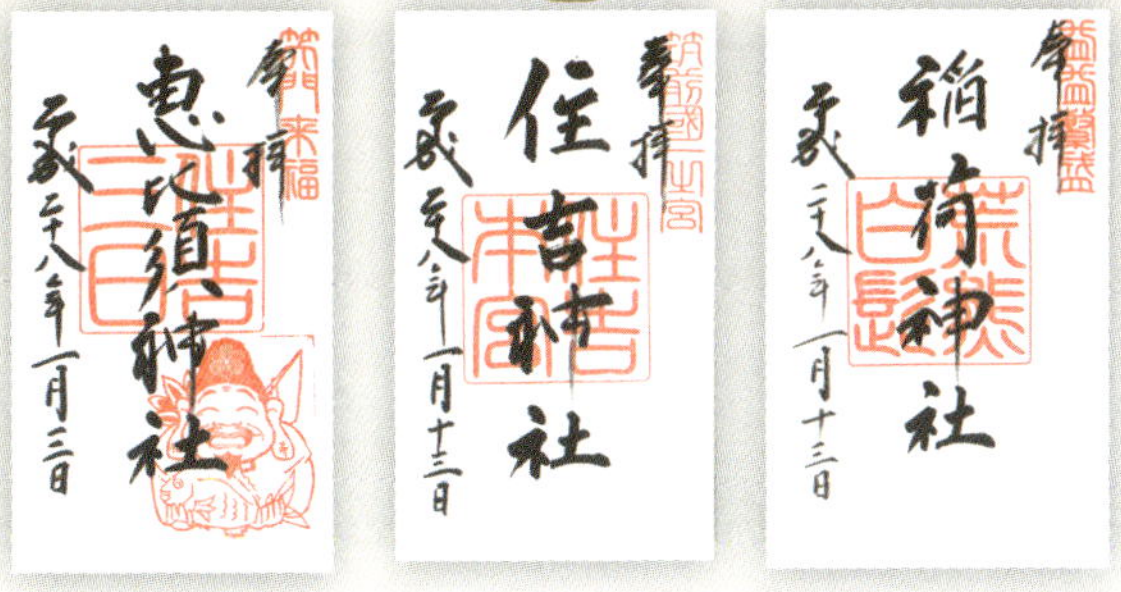

三種類の御朱印を受けることができる。毎月三日の祭礼の日に恵比須神社で御朱印を受けると、笑顔のえびすさまの朱印を押してもらえる

\ Pick up /

「航空安全守」は、パイロットやCAなど空の仕事の人たちに大人気。各 500 円

可愛らしいサイズの「夢叶《ゆめかなう》守《まもり》」は、勉強やスポーツ、芸術などを頑張る人に贈りたい。各 500 円

Must item

住吉三神の名前の中に入っている“筒”という文字は星の意味を持つ。大スターを目指す芸能人もこの「星守」を受けに足を運ぶ。700 円

もっとステップアップしたい人たちに人気の「翔守」500 円。実はアイドル・嵐のファンにも注目されているとか…

Information

住吉神社

福岡県福岡市博多区住吉 3-1-51
TEL 092-291-2670
[参拝時間] 9:00 ～ 17:00
[御朱印料] 300 円～
(御朱印・御守の授与 9:00 ～ 17:00)
[アクセス] 西鉄バス住吉バス停より徒歩 2 分
http://chikuzen-sumiyoshi.or.jp

商売繁盛、笹ぁ、持って来い！

十日《とおか》恵比須《えびす》神社

＊福岡／博多区

えびすさんのお供、鯛の手水が愛らしい

「商売繁盛、笹ぁ、持って来い！」。お正月の境内に響く声は博多に新年を告げる風物詩。十六世紀に浜に流れ着いた恵比須大神の像を奉納するための御社を建立したのが始まりで、像を収めた商家が繁栄したことから、商都・博多の商人たちに古くから愛されてきた神社です。一月八〜十一日の十日恵比須の正月大祭では、鯛やえびすだるまなどの縁起物の授与がおこなわれ、早朝から多くの参拝客で賑わいます。期間中には、黒の着物で正装した博多券番（芸妓）さんによる「かち詣り」もなどあり、お祭りに華を添えてくれます。

商売だけでなく仕事運やえんむすびの運気アップのご利益があり、また財布に入れておくと金運を導くという縁起物「えびす銭」を毎年入れ替えるという人も少なくありません。参拝すれば、あなたもえびす顔の微笑みを授かれるかも知れませんよ。

えびす様と言えば「鯛」。御手水場では鯛の口から水が！とってもキュート

お参りのあとに♪

福岡県庁の11階には県の伝統工芸品や物産を紹介するスペースと展望台が。フロアには「よかもんカフェ」が併設され、福岡の食材をふんだんに使ったランチや軽食が味わえる。見晴らしもサイコー！

福岡よかもん広場

福岡県福岡市博多区東公園7-7
福岡県庁11F
TEL 092-645-1835
[営業時間] 8:30～17:15
(カフェの営業は8:30～17:15
ランチの提供は11:30～16:30)
[定休日] 土・日・祝日

Information

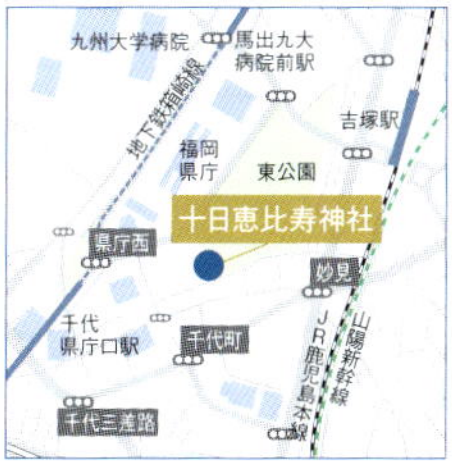

十日恵比須神社

福岡県福岡市博多区東公園7-1
TEL 092-651-1563
[参拝時間] 終日
[御朱印料] お気持ちで
(御朱印・御守の授与9:00～17:00)
[アクセス] 地下鉄吉塚駅より徒歩5分
http://www.tooka-ebisu.or.jp/

御朱印

三つ蔓柏の神紋が押されている

Pick up

Must item

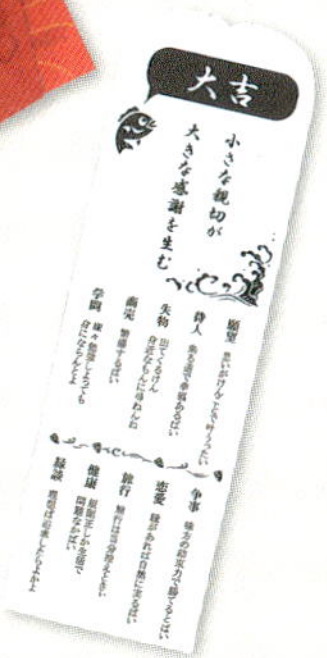

「めで鯛みくじ」内容が博多弁で書いてあるユニークなおみくじ。100円

「商売繁盛守」一番のご利益が期待できるのがこちら。えびすさんとだいこくさんが並んでいる。1,000円

「えんむすび守」800円

勝負事の神様

筥崎宮《はこざきぐう》

＊福岡／東区

ホークス選手も勝利を祈願

毎年、お正月にはソフトバンクホークスやアビスパ福岡の選手たちが優勝祈願に訪れることでも知られる、勝負事を司る神様を祀る神社です。そのためお守りは「勝守」という力強い名称が付けられています。

鎌倉時代には元寇という国難を克服するための祈願もおこなわれました。その名残を山門の「敵国降伏」の文字に見ることができます。中世に豊臣秀吉が九州平定のために博多を訪れた時に、本陣を敷いた場所で、その時に同行した千利休ゆかりの石燈籠などが残されています（お正月などのみ公開）。

締め込み姿の男性が勢いよく木製の玉を取り合い、その年の豊作と大漁を占う一月三日の「玉取祭」（玉せせり）や、博多三大祭の一つ、九月の「放生会」などの大祭も有名。敷地内には花庭園もあり、季節によりぼたんやあじさいなどが参拝者を楽しませてくれます。

「お潮井てぼ」お潮井（砂浜の真砂）を入れて玄関先に。800円

お参りのあとに♪

参道途中にある「筥崎宮迎賓館」はレストランウエディングに対応するフレンチレストラン。その一角のテラスが気軽なカフェとしてオープンしている。コーヒー、紅茶などドリンクにスイーツと軽食なども提供中。

筥カフェ

福岡県福岡市東区馬出 4-14
（筥崎宮迎賓館内）
TEL 092-651-1100
［営業時間］ 11：00 ～ 16：00
［定休日］ 水曜日

御朱印

御朱印状には筑前國一之宮の印が。古くから福岡の鎮守であったことがわかる

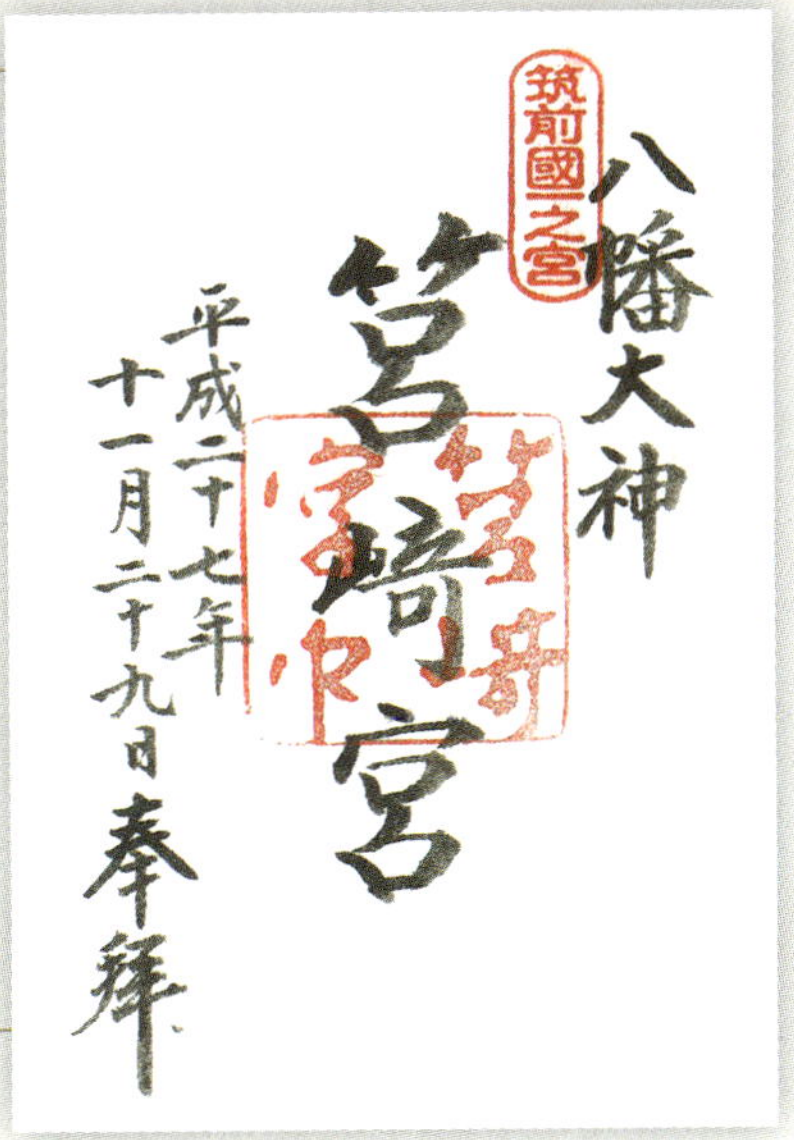

Pick up

「勝守」「必勝守」 スポーツや受験など様々なものごとを勝利に導くお守り。各 800 円

Check!

「金運玉」 金運を呼び込む縁起物。1,000 円

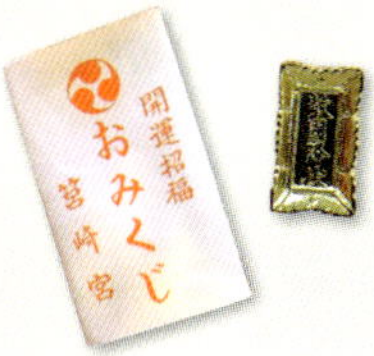

「開運みくじ」 おみくじのなかには筥崎宮ゆかりの場所やものをかたどった７種類の金の小物が。200 円

「こどもまもり」
500 円

Information

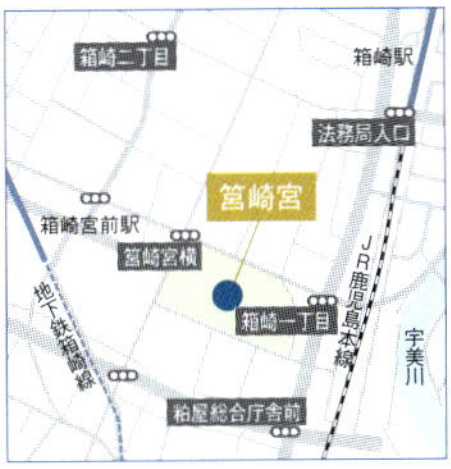

筥崎宮

福岡県福岡市東区箱崎1-22-1
TEL 092-641-7431
［参拝時間］ 6：00 ～ 19：00
［御朱印料］ 300 円
（御朱印・御守の授与 9：00 ～ 17：00）
［アクセス］ 地下鉄箱崎宮前駅より徒歩３分
http://www.hakozakigu.or.jp

足利氏も参拝した

香《か》椎《しい》宮《ぐう》

＊福岡／東区

神功皇后は日本初のキャリアウーマン？

勅使という天皇の使者が訪れる神社が日本では十数ヶ所あります。九州では宇佐八幡宮とここ香椎宮だけです。それだけでも歴史が古く格式の高い神社ということが分かりますね。

お祀りされているのは、神功皇后。夫である仲哀天皇の御霊を慰めるために建立された神社です。室町時代には戦に敗れ九州に逃れてきた足利氏が、再起を誓って参拝。神功皇后ゆかりの綾杉の葉を鎧に着けて、戦に勝利したと言います。ちなみにその時の綾杉は、一度戦乱により消失したものの復活。今も境内に残っています。

神功皇后は戦う女性で、現代風にいうならキャリアウーマンの元祖。特に女性の仕事や恋愛などの運気アップに力を貸してくれると言われています。皇后をモデルにした姫だるまのお守りも登場しました。女性の守り神を身に付けて、幸運を呼び寄せちゃいましょう。

足利尊氏がその枝葉を持ち帰り、勝利を祈願したという綾杉

お参りのあとに♪

自家焙煎のコーヒー豆の販売と喫茶コーナーが併設された人気ショップ。季節限定の豆やオーガニック、オリジナルブレンドなど豊富な品揃えが魅力。地元の方々の作品を中心に展示されるギャラリースペースも。参道散策のついでの挽き立ての一杯はいかが？

香椎参道 Nanの木

福岡県福岡市東区香椎 1-3-31
（香椎宮参道）
TEL 092-201-2201
［営業時間］10：00～20：00
無休

Information

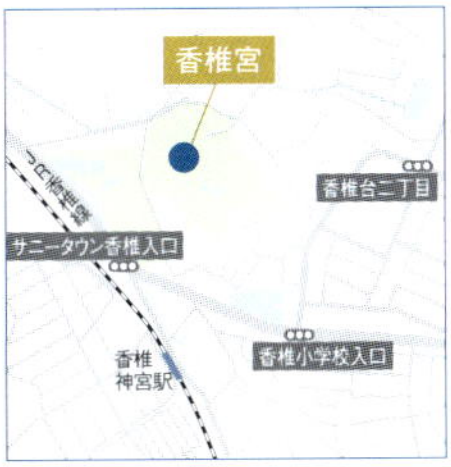

香椎宮

福岡県福岡市東区香椎 4-16-1
TEL 092-681-1001
［参拝時間］〈夏期〉5：00～18：00
〈冬期〉6：00～18：00
［御朱印料］300 円
（御朱印・御守の授与 9：00～17：00）
［アクセス］JR 宇美線香椎神宮駅より徒歩４分
http://kashiigu.com

御朱印

天皇家にゆかりの香椎宮。御朱印状には菊の紋が見られる

Pick up

ご朱印帳
1,500 円

Must item

女性におすすめの「幸守　勾玉水琴鈴」700 円

「勝守」勝利を祈願するお守り（600 円）や「仕事守」（600 円）のほかに「姫だるま」も登場予定

比売守（女性守）
600 円

坂の上には絶景が待っている

愛宕神社

＊福岡／西区

福岡市街を見守る県内最古の神社

東京・京都と並び「日本三大愛宕」と言われているのが、ここ、愛宕神社。福岡市西区・愛宕山頂に鎮座したのは西暦七二年、なんと約二〇〇〇年も昔のことです。今ではパワースポットとしても有名ですが、江戸時代には福岡藩主・黒田忠之公から破魔矢と熊手を献上されるなど、長く崇敬されてきた神社です。

伊弉諾尊《いざなぎのみこと》、伊弉冉尊《いざなみのみこと》、火《ほむ》産霊神《すびのかみ》、天忍穂耳命《あめのおしほみみのみこと》の四柱の御祭神を祀り、禁酒、禁煙など、あらゆる禁断の神としても知られています。

その他、縁結び、厄除開運、商売繁盛、学業・安産成就、交通安全など、さまざまな御利益があるとされています。

参拝の後にぜひ楽しんでいただきたいのが、境内から眺める絶景。福岡ヤフオク！ドームや福岡タワー、玄界灘など福岡市街が一望でき、海外の旅行客も多く訪れる人気スポットとなっています。

夜景の美しさも格別。初日の出、桜、紅葉の名所としても人気だ。初詣は50万人で賑わう

お参りのあとに♪

築170年を超える古民家を移築した趣深い空間で、旬の山海の幸を使った美しい日本料理を味わえる。愛宕山からの絶景も一緒に楽しんで。

味彩よひら

福岡県福岡市
西区愛宕 3-25-7
TEL 092-892-8070
［営業時間］11：30 ～ 15：00、
17：00 ～ 22：00
年中無休

御朱印

「愛宕様」の神紋が朱印として押されている

Pick up

御朱印帳は二種類。紺色のものには眼下に広がる夜景が描かれている。左／1,500円 右／2,000円（どちらも御朱印代含む）

天に昇る龍が雄々しい必勝のお守りや可愛い縁結びのお守り（どちらも1,000円）など、様々な授与品が揃う。下は、黒田忠之公が破魔矢を献上した故事に因んだ「開運の破魔矢」2,000円

2016年の干支・申の人形は縁起物に。
左 1,500円　右 1,500円

Information

愛宕神社（日本三大愛宕）

福岡県福岡市西区愛宕 2-7-1
TEL 092-881-0103
［参拝時間］終日
［御朱印料］500円
（御朱印・御守の授与 8：00 ～ 17：30）
［アクセス］地下鉄空港線室見駅より徒歩12分
http://atagojinjya.com

鳥飼八幡宮

三本の御神木の力で縁を結ぼう

＊福岡／中央区

婚活も応援してくれるありがたい神社

明治通りから一本入ると突然、まるで時代を遡ったかのような一角が現れます。シーズンには鮮やかな銀杏が出迎えてくれるこちらの本殿内部や楼門は、江戸時代に建てられた当時の姿をとどめています。御祭神は、厄除けの神様・応神天皇、子安の神様・神功皇后、縁結びの神様・玉依姫尊の三神。参拝者の八割が良縁や子安を願う女性だそうです。

境内には夫婦楠《めおとくす》・息吹の大銀杏・千年蘇鉄《そてつ》という三本の御神木が立っていて、それぞれの木に異なる御利益があり、ここに「縁結びの紐」（二〇〇円）二本の内一本を結び、一本を持ち帰ると願いが成就すると言われています。婚活の応援にも積極的で、「縁結びの宴」という神社コンを月に一度開催。ここでめでたく良縁成就となったカップルもいるそうです。背の高い木々に囲まれた、気持ちの良い神社です。

二股に分かれた幹が夫婦のように寄り添う夫婦楠

お参りのあとに♪

ドイツ料理とお酒を気軽に楽しめるスポーツバー。モーニング、ランチもやっており、オーストリアのパン職人サイラーさんの作るパンを目当てに多くのファンが通う。

バイエルン福岡

福岡県福岡市中央区今川 2-14-3
TEL 092-791-7344
［営業時間］日～水 8:00～23:00
木～土・祝前日 8:00～25:00

Information

鳥飼八幡宮

福岡県福岡市中央区今川 2-1-17
TEL 092-741-7823
［参拝時間］終日
［御朱印料］300 円
（御朱印・御守の授与 9:00～17:00）
［アクセス］地下鉄空港線西新駅より徒歩 5 分
http://hachimansama.jp

御朱印

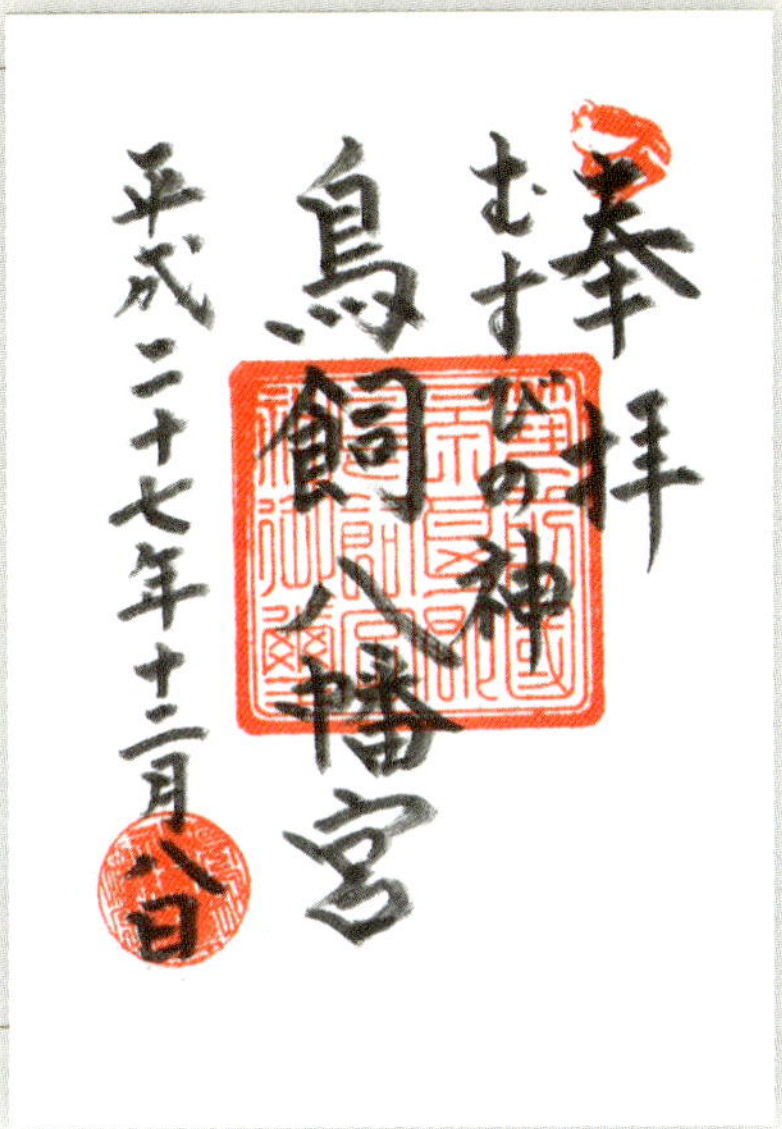

人と人との縁、人と未来との縁を結ぶ鳥飼八幡宮では、御朱印にも「むすびの神」と記される

Pick up

オリジナルの御朱印札。同封されている護符は、神仏混合時代の札を再現したもの。1,000 円（御朱印代込み）

ほのかな香りがささやかな幸せを運ぶ「香り袋 恋むすび」700 円

Must item

授与所には美しいお守りが多く並ぶ。上は、博多織の裂で魔除けの鈴を包んだ「博多鈴箱」700 円。右はちりめんを使った「えんむすび御守」700 円

紅葉八幡宮

紅葉の季節には必ず訪れたい

＊福岡／早良区

地元の人にも愛される地域の守り神

秋の終わり頃になると境内が真っ赤な紅葉で彩られる紅葉八幡宮は、福岡藩三代藩主・黒田光之公をはじめ、歴代藩主にも篤く信仰されてきた由緒正しい神社です。最近では御朱印を集めている女性も多く訪れるようになりましたが、安産祈願や厄除け、七五三など、地域の人からも長く愛されているところもこの神社の特徴といえるでしょう。

「八幡の大神」応神天皇とその母である神功皇后、その子菟道《うぢのわきの》稚郎子《いらつこの》命《みこと》等、全部で十二柱の神様をお祀りしているため、こちらに参拝すると全国の大社に参拝したのと同じ御神徳があると言われています。

毎年七月十・十一日に行われている夏祭りや、十月十一日の秋例大祭など、賑やかなお祭りも開催されている紅葉八幡宮。散策に疲れたら、裏手にある公園で一休みしてはいかがでしょう。

「紅葉の錦」という言葉がぴったりの境内を通って、本殿へ

お参りのあとに♪

紅葉八幡宮から徒歩一分。400年の歴史を持つ御庭高取焼の窯元であるこちらでは、高取焼の魅力を堪能できる。販売もしているので、お気に入りを探してみては。

味楽窯美術館

福岡県福岡市早良区
高取1-26-62
TEL 092-821-0457
［開館時間］10：00～17：00
［休館日］日曜日・祝祭日
［入場料］無料

御朱印

大きな「紅葉八幡宮」の朱印が存在感大の御朱印

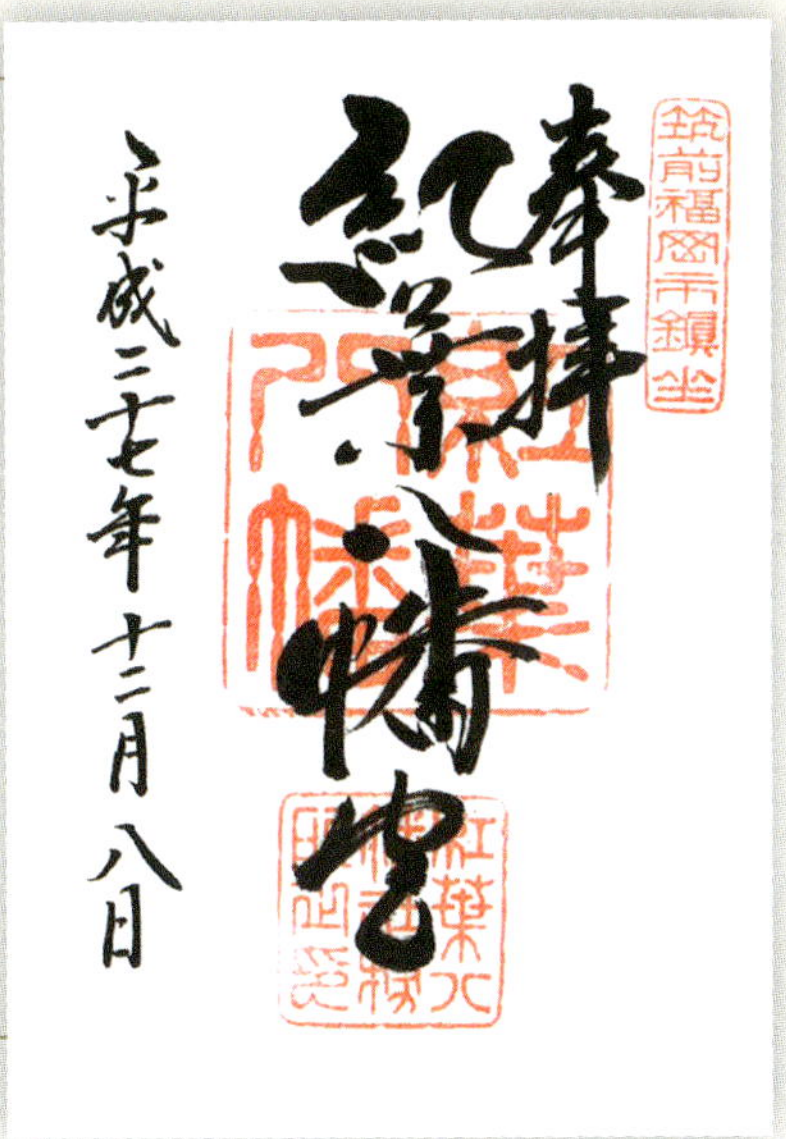

Pick up

鮮やかな朱色に紅葉を散らした可愛らしい御朱印帳1,000円

思い出にも残る紅葉柄のお守り600円（左）と様々な柄のちりめんで作られたストラップ600円（右）

Must item

七福神が全員集合。カバン等に吊るすとゆらゆら揺れて可愛い700円

Information

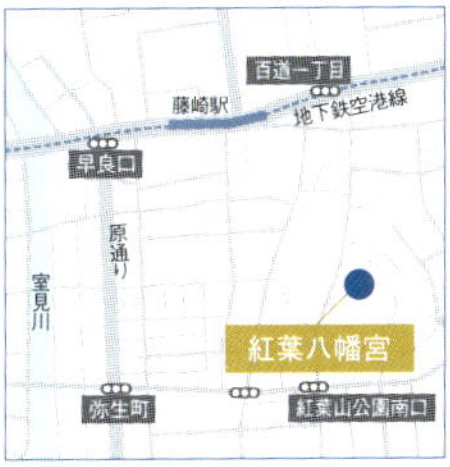

紅葉八幡宮

福岡県福岡市早良区高取1-26-55
TEL 092-821-2049
［参拝時間］終日
［御朱印料］300円
（御朱印・御守の授与9：30～16：30）
［アクセス］地下鉄空港線藤崎駅より徒歩6分
http://momijihachimangu.or.jp

庚申の日は大賑わい

猿田彦神社

＊福岡／早良区

お猿様に招かれて縁起物の猿面をゲット

地下鉄空港線の藤崎駅から徒歩一分足らず。明治通り沿いを行くと、赤い手ぬぐいを巻いたお猿様が現れます。ここ猿田彦神社の御祭神は、天照大御神の命により天孫降臨したニニギノミコトを道案内したと言い伝えられる猿田彦大神。もともとは道案内の神様（道祖神）として街道の分岐点などに祀られていましたが、猿の字を冠する神様ということから庚申信仰（※）と結びついたとされます。

神社の社務所が開くのも庚申の日と七月十五日の夏祭りの日のみ。中でも初庚申大祭には、授与品の猿面を求めて、多くの参拝者が訪れます。玄関に掛けることで魔が〝去る〟と伝えられている猿面は、初庚申の日に昨年の面と交換するのが習わし。ただ、近年では終《しまい》庚申の日に猿面を返納し、新しい面を受けて新年を迎える人も増えてきたといいます。また、木から落ちない猿にあやかって、試験の合格祈願として猿面を受ける人も多いそうです。

猿田彦大神は、江戸時代は馬を盗む河童から家を守る、盗難除の神様としても崇められていた

※普段は人間の体内にいて、人が寝ている間にその者の罪や過失を天帝に告げに行くという三尸《さんし》の虫。その日が60日に一度の庚申の日であるため、庚申の日は眠ることなく夜を明かすという信仰。8世紀後半に中国により伝わった

お参りのあとに♪

クリームチーズを60％も配合した濃厚な味わいが福岡っ子に人気のチーズケーキ店。１ホール（18センチ）税込1,300円とリーズナブルなのも嬉しい。

ダディのチーズケーキ 藤崎店

福岡県福岡市早良区高取 2-3-2
ホワイトハイツＫ 1F
TEL 092-851-8533
［営業時間］10：30 〜 19：00
［定休日］日曜日、第２月曜日

Information

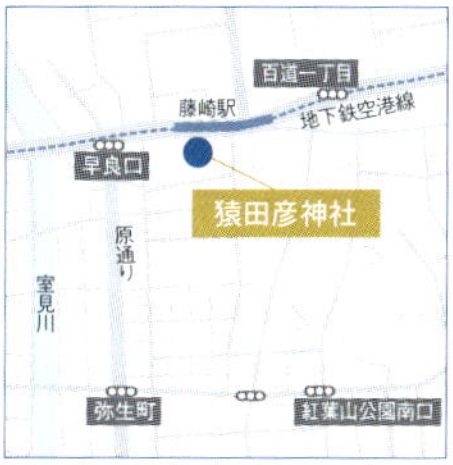

猿田彦神社

福岡県福岡市早良区藤崎 1-1-41
［参拝時間］終日
［御朱印料］300 円（御朱印・御守の授与：庚申の日と夏祭り（7/15）のみ／初庚申 5：30 〜 19：00、二番庚申 7：30 〜 17：00、それ以降 8：30 〜 17：30）
［アクセス］地下鉄空港線藤崎駅より徒歩１分
http://sarutahiko-fukuoka.jp/

御朱印

毎回、申年には多くの参拝者が訪れるという猿田彦神社。こちらの御朱印には「終庚申」と書かれている。2016 年には御朱印帳も登場予定

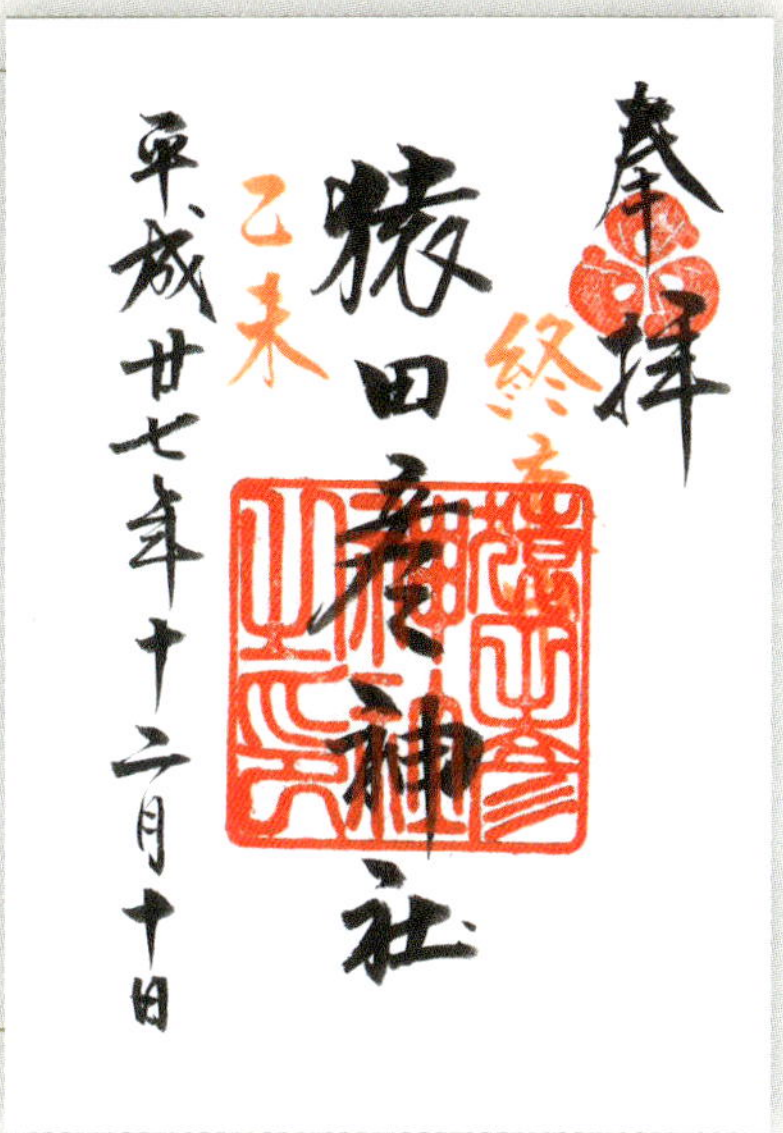

Pick up

上の猿田彦大神を象った大面（御神面）は、床の間などに飾る。歳月を経ると赤く染まり荘厳さが増していくという（3,000 円）。下は多くの参拝者が求めていく猿面（1,000 円）。どちらも博多人形の職人が手作りで作っている

Must item

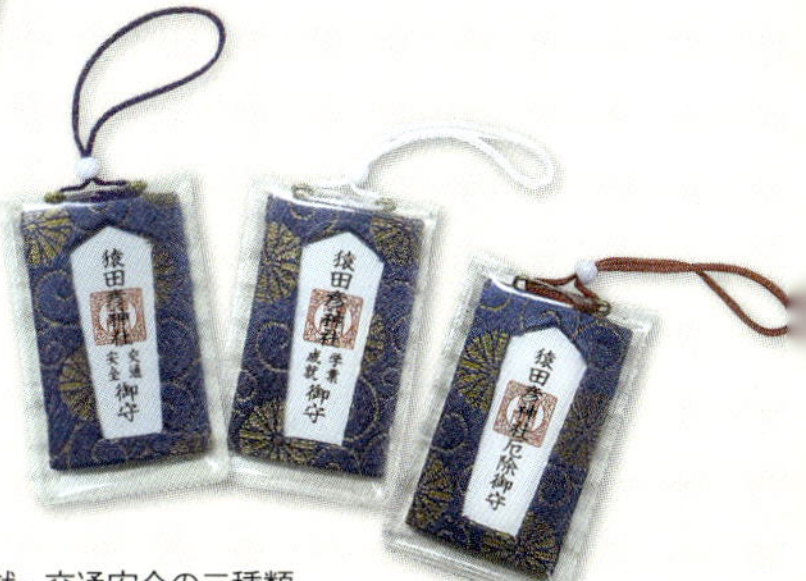

お守りは、厄除け・学業成就・交通安全の三種類。朱・紺の二色がある。各 500 円

宇美八幡宮

安産と育児の守護神

＊福岡／宇美

安産祈願といえばここ

樹齢二千年といわれる大樟が亭亭と聳え、古くから安産・育児の守り神として信仰されている「宇美八幡宮」は、古事記や日本書紀に記されている神功皇后と應神天皇の母子神が祀られています。

三韓征伐を指揮した神功皇后は、その時既に妊娠中で、戦の後にこの〝聖地〟で應神天皇を出産されたと伝えられ、その神話から〝宇美（産み）〟と呼ばれるようになりました。

境内には、神功皇后が應神天皇を出産する際にすがったとされる「子安の木」や、安産の鎮め石と伝わる「子安の石」、全国唯一助産師の祖神を祀る「湯方神社」などがあります。ここは、安産信仰に関する伝説地として、福岡県民俗資料文化財に指定された一社。

妊娠五カ月目の戌の日に安産祈願を行う慣習から、毎月戌の日になると多くの妊婦さんで賑わい、「子安乃杜」と称される境内は幸せな〝気〟に包まれます。

「湯蓋の森」と称される樹齢2000年以上といわれる大樟は、ご神木として信仰を集めている

お参りのあとに♪

無事に祈願が終わったら、甘いお菓子で休憩しよう。敷地内のここは、落雁や縁起餅、いちご大福など手づくりの和菓子を提供している。お土産にもGOOD！

筑前菓匠
季のせ

福岡県糟屋郡
宇美町宇美 1-1-24
（宇美八幡宮内）
TEL 092-410-3824
［営業時間］9：00 ～ 18：00
無休

御朱印

宇美八幡宮のおしるしを押印し、子安大神と記されている。腹帯を持っていくと祈願の方には押印してくれる

Information

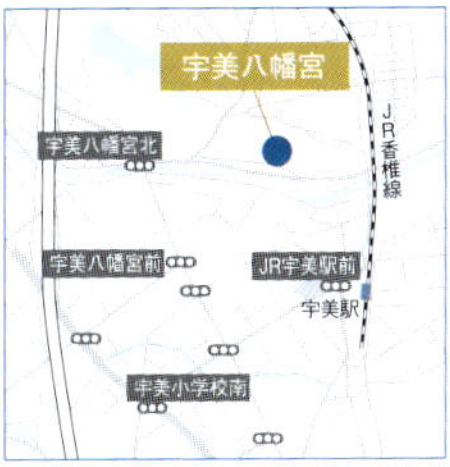

宇美八幡宮

福岡県糟屋郡宇美町宇美 1-1-1
TEL 092-932-0044
［参拝時間］終日
［御朱印料］300 円（お気持ち）
（御朱印・御守の授与 8：30 ～ 17：30）
［アクセス］JR 宇美駅より徒歩 5 分
http://www.umi-hachimangu.or.jp

Pick up

安産祈願に関するさまざまな品が揃う。ここのお守りやアイテムを手にし出産まで大切に持っておきたい　※祭典日限定安産守り。2,000 円

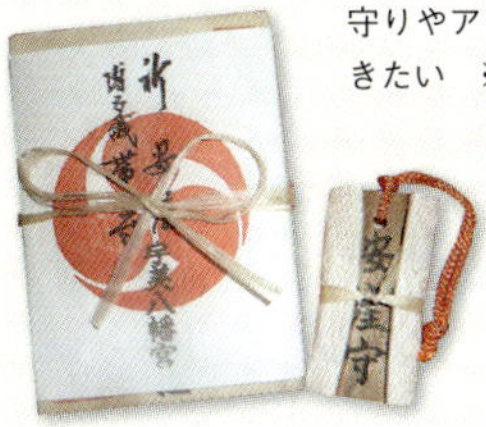

Check!

小鳩の顔をしたお守りは手で押すと音が鳴り、赤ちゃんをあやすときにも活用できる優れもの！※小鳩のお守りは、祈願を受けた方に授与

晒、マジックベルト、腹巻式の３種類（各 3,000 円）の腹帯を用意。ほかにも赤ちゃん用のスタイや肌着といったオリジナルグッズも揃う　※祈願を受けた方に授与

子どもたちの健やかな成長を祈る子安守。1,000 円
※祭典の日限定で販売

人生すべての良縁を祈る

飯盛神社

＊福岡／西区

国産みの太古のロマンに思いを馳せて

西区の飯盛山に鎮座する「飯盛神社」は、貞観元年の八五九年に創建されました。ここは、誉《ほむ》田《だ》別命《わけのみこと》・伊《い》弉《ざ》再命《なぎのみこと》・玉依姫命《たまよりひめのみこと》を祭神とし、旧早良郡七カ村の惣社でした。かつては、上宮・中宮・下宮の三所が祀られており、山全体を御神体として信仰していたそうです。また、福岡平野を挟んで西に位置する飯盛山は、東側の若杉山と対になった夫婦山とされ、古代より国産みの基とされてきました。山の中腹にあり、十数年前に建てられた大きな鳥居は若杉山の方角を向いて作られています。現在は、山の麓にある下宮に社務所を設け、縁結びの神として地域の人々に親しまれている存在。七五三や成人式、結婚式などさまざまな通過儀礼の行事を行っており、人生の節目を迎える神聖な場所として地域の人の暮らしに寄り添っています。

飯盛山の山道を10分ほど歩いて進むと、巨大な鳥居が目に飛び込む。これは、アルミ製の鳥居ではなんと日本一の大きさを誇る

お参りのあとに♪

2013年に自然派ベーカリーのカフェとしてオープンしたこちら。地元で採れる食材を使い、添加物や人工甘味料などを一切使っていないパンを届けている。子どもから大人まで安心して食べられる。

CAFE & BAKERY BLUEJAM

福岡県福岡市
早良区田村3-1-41
TEL 092-861-5888
［営業時間］9：00～19：00

御朱印

「人生すべて良縁　むすびの神」と記されている。文字の周りをリボンで結び、人々の良縁に祈りを込めた御朱印となっている

Pick up

幸運や幸福の印とされる四つ葉のクローバーのお守り、800円

リラックマのお守り、800円。こちらは子どもや女性に人気があり、お土産にも選ばれている

Must item

境内の近くには受験生に人気のスポット飯盛文殊堂があり、学業の神としても知られている。ランドセルのキーホルダー、800円。受験勉強も捗りそうな飯盛神社の名前入りボールペン、300円

Information

飯盛神社

福岡県福岡市西区飯盛609
TEL 092-811-1329
［参拝時間］終日
（社務所8：30～18：00）
［御朱印料］平均300円
（御朱印・御守の授与9：00～17：30）
［アクセス］地下鉄橋本駅より徒歩20分
http://www.iimorijinja.jp/

志賀海神社

金印発見の島に鎮座する海神の総本社

＊福岡／志賀島

古代より崇められてきた海洋の守護神

「漢委奴国王《かんのわのなのこくおう》」という文字が刻まれ、漢の皇帝から委奴国王へ送られた金印が見つかった島としても有名な志賀島。この島の海を見渡す小高い場所に鎮座するのが「志賀海神社」です。ここは、神代より「海神の総本社」「龍の都」と称えられてきました。創建については定かではありませんが、約一八〇〇年前に神功皇后が三韓出兵を行った際に、舵取りをした安曇磯良《あずみいそら》が現在の本社である表津宮をこの地に遷座したとされています。

十三世紀には、この島は日本侵攻を試みたモンゴル帝国により猛攻撃を受けましたが、戦勝をおさめ同社は名を高めて隆盛を誇ったのでした。栄枯盛衰の後、豊臣秀吉公や黒田長政公などの武将らの寄進により再興。海上交通の安全のほか、塩や海産物の恵みをもたらす神としても崇められている一社です。

石段の参道へと続く二の鳥居は元禄13（1700）年に造られたとされる

お参りのあとに♪

レンタサイクルのできるこちらのお店。マウンテンバイクで志賀島を一周するのも気持ちよさそう。また、カフェとしても利用できるので気軽に立ち寄ってみよう。

シカシマサイクル

福岡県福岡市
東区志賀島 417-2
（志賀海神社参道入口）
TEL 050-3459-2956
［営業時間］10：00 ～ 18：00
［レンタサイクル］3 時間 2,000 円
・マウンテンバイク 2,000 円
・ミニベロ 1,500 円
（一時金として＋ 3,000 円）

Information

志賀海神社

福岡県福岡市東区志賀島 877
TEL 092-603-6501
［参拝時間］〈4～10月〉5：00 ～ 17：30
〈11～3月〉6：00 ～ 17：30
［御朱印料］300 円
（御朱印・御守の授与 7：00 ～ 17：30）
［アクセス］西鉄バス志賀島バス停より徒歩 10 分
http://www.shikaumi-jinja.jp

御朱印

階段を上り本殿に向かって右手に社務所があり、そちらにお願いすると御朱印を書いてもらい受け取ることができる

Pick up

Must item

志賀島で見つかった国宝の金印をコンパクトに象ったストラップ（800 円）とレプリカ（3,000 円）、そしてキーホルダー（2,000 円）

御神幸祭では、龍頭《たつがしら》を持って舞う“龍の舞”が行われる。その龍頭をかわいらしくアレンジしたおみくじ（300 円）

海上の安全と漁業の大漁にご利益があるとされる大漁旗（3,000 円）

災難にあうことなく無事に家に帰ることができるようにと祈りを込めた「事無き柴御守」（500 円）

南岳山　東長寺

日本一の大きさを誇る木造釈迦坐像も

＊福岡／博多区

一二〇〇年を超えて博多の町を見守り続ける

大同元（八〇六）年に弘法大師空海が唐で修行した後、博多に滞在した際に建立した、大師建立の寺としては最も古い歴史を持つ霊場で、福岡二代藩主 黒田忠之公、三代 光之公、八代 治高公の墓所としても有名です。

本堂には、弘法大師自作と伝えられる弘法大師像、国指定重要文化財の木造千手観世音菩薩立像、弘法大師作といわれる不道明王立像の三体が据えられています。大仏殿には木造座像では日本最大級の大きさを誇る「福岡大仏」が鎮座しており、台座内には、地獄・極楽めぐりが設置され、暗闇の中、手すりを頼りに多くの人たちが拝観します。

天保十三（一八四二）年に建立寄進された、九州では非常に珍しい「本瓦行基葺き」造りの施された「六角堂」。そして二〇一一年に落慶した純木造総檜造り、朱塗りが何とも美しい「五重塔」。新旧の職人たちによる卓越した技と芸術性の高さも楽しめます。

仏像の高さ 10.8m、重さ 30t。4年の歳月をかけてつくられた「福岡大仏」

お参りのあとに♪

古いお寺が集まる裏通りを歩いていくと、町家風の素敵な建物が。2F のカフェが「サンプリスィテ」。猫好きの店主が煎れる美味しい珈琲と手作りのお菓子でまったりとしたひとときを。

サンプリスィテ

福岡県福岡市博多区
上呉服町 3-4 2F
TEL 092-262-5012
［営業時間］ 11：30 ～ 17：30
［定休日］ 不定休（主に水曜日）

Information

南岳山　東長寺

福岡県福岡市博多区御供所町2-4
TEL 092-291-4459
［参拝時間］ 9：00 ～ 16：45
［御朱印料］ 300 円
（御朱印・御守の授与 9：00 ～ 16：45）
［アクセス］ 地下鉄祇園駅より
徒歩 3 分

御朱印

千手観音　ふくおか大仏　と記されているご朱印

Pick up

Must item

境内の五重塔がデザインされた御朱印帳。（小）1,000 円　（大）1,200 円

勾玉がデザインされたお守り。ピンクが可愛い子宝・安産用。運気上昇用も

龍頭が上を向いた（昇り龍）のデザイン。水琴窟の美しい鈴の音がするゴールドとシルバー２種の厄除・身体健康・身代わりのお守り

藤原氏の祖神

春日神社

＊福岡／春日

春日の地の平和と戦乱を見つめ続ける社

中大兄皇子が長津の宮（現在の高宮）にいた際、春日に天児屋根命《あめのこやねのみこと》を祀ったことが始まりと言われています。七六八年に太宰大弐藤原田麿がこの地に藤原家の祖神である天児屋根命が祀られていることを知り、奈良の春日大社から武甕槌命《たけみかづちのみこと》、経津主命《ふつぬしのみこと》、姫大神を勧請して神社を創建しました。戦国時代後期の一五八六（天正一四）年に戦乱の火で一切を焼失してしまいましたが、筑前国主となった黒田長政公の家老であった黒田一成公の祖先も藤原氏であったことから社殿の復興を命ぜられ、一六二七（寛永四）年に再興されました。歴代藩主の崇敬が篤く、境内には奉献された石灯籠などが数多く残っています。黒田一貫公による遷宮の大礼があった一六九六（元禄九）年から三百年経った一九九六年には社殿の総改修と境内整備が行われました。

境内にある11本の樟は「春日の杜」として県指定天然記念物に指定されている

お参りのあとに♪

普段の池は鴨が泳ぐのどかな雰囲気だが、毎年成人の日の前日に国指定重要無形民俗文化財である「春日の婿押し」の時だけは男たちの熱気に包まれる。前年に結婚した若夫婦が長老の前で盃を酌み交わした後、花婿と男衆が池に入り樽の争奪戦「樽せり」を行う。冷たい水の中で勇猛果敢に戦う姿は新春の風物詩だ。

神池《みいけ》

春日神社境内

御朱印

御神紋の下がり藤が中央に押された御朱印。無駄のないシンプルなデザイン

\ Pick up /

健康や事故から身を守る「身体守」大 800 円、小 800 円

Cute!

「必勝守」800 円の裏には大きく春日神社の文字。「縁結び」800 円

Information

春日神社

福岡県春日市春日1-110
TEL 093-581-7551
[参拝時間] 終日
[御朱印料] 300 円
(御朱印の授与 8：30 ～ 13：00)
(御守の授与 6：00 ～ 18：00)
[アクセス] JR 大野城駅より徒歩 10 分
http://www.kasugajinjya.jp/

宗像大社

あらゆる道を司る最高神

＊福岡／宗像

人々のあらゆる道を導いてくれる尊い神

宗像大社は、皇室の御先祖である天照大御神の三柱の姫神様をお祀りしている神社です。玄界灘に浮かぶ沖ノ島の沖津宮と、宗像市の沖合の島・大島の中津宮、そして宗像市田島に鎮座する辺津宮という三宮を総称したのが、この宗像大社。それぞれの宮には姫神がお祀りされており、宗像三女神として知られています。この神々は日本書紀にも記され、大陸との貿易を受け入れる窓口としてこの地に降臨されました。この三女神のまたの名を「道《みち》主貴《ぬしのむち》」といい、「最高の道の神」という意味を持ちます。それゆえ、宗像大社は古くから道の神として信仰が篤く、かつては遣唐使なども航海安全を祈って参拝していたほど。

また、辺津宮の敷地内には、「海の正倉院」としても有名な沖ノ島で見つかった数々の神宝を展示した神宝館が建てられており、ぜひ立ち寄りたい場所のひとつ。

神宝館では、銅鏡や金製指輪など沖ノ島から出土し、すべて国宝に指定された約8万点にも及ぶ神宝が展示されている。入館料は大人500円、大学生・高校生300円、中・小学生200円

お参りのあとに♪

宗像大社から車で約5分。河東の交差点の一角に佇むこちらでは、ボリューム満点の鰻料理を楽しめる。お参りの前後に食事の予定も入れておきたい。

六騎

福岡県宗像市
河東 1076-1
TEL 0940-35-1169
[営業時間]
11：00 ～ 15：00（14：30LO）、
17：00 ～ 21：00（20：30LO）
[定休日] 月曜日
※祝祭日の場合は翌日に振替。
また、農繁期に休むことがある

Information

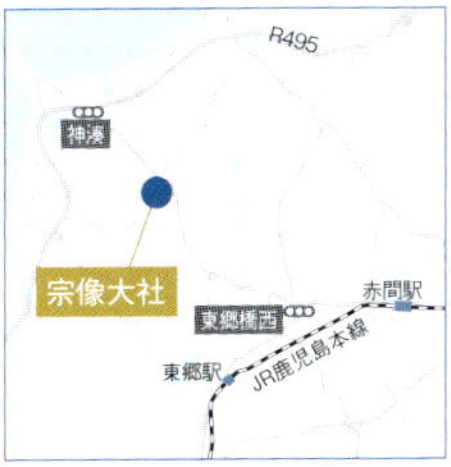

宗像大社

福岡県宗像市田島 2331
TEL 0940-62-1311
[参拝時間] 6：00 ～ 17：00
[御朱印料] 300 円
（御朱印・御守の授与 9：00 ～ 17：00）
[アクセス] JR 東郷駅より
車 10 分
http://www.munakata-taisha.or.jp/

御朱印

大社の御神木である楢の木から、御神紋は楢の葉に実をあしらったデザイン。これは歴代の宗像大宮司家の家紋でもある

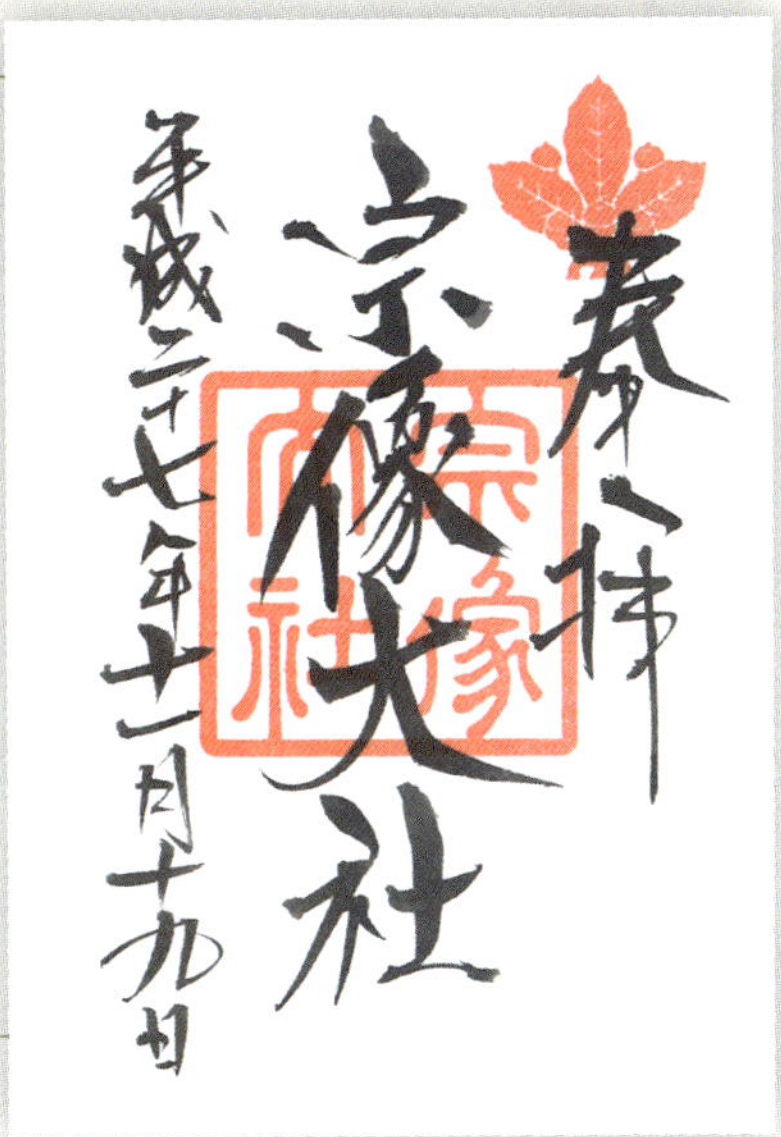

Pick up

木製の杜守（1,000 円）とは、緑豊かな宗像大社の中でやむ終えず終焉を迎えた御神木に、神魂を鎮め、奉製したもの

Check!

福岡県下で走る車の中でもよく見かける、宗像大社の「交通安全御守」。1,000 円

人生の道を見守ってくれる力が込められた御守 1,000 円（大社守）。ピンクや黄色、黒などがありインスピレーションで選びたい

数百の至宝が眠る

宮地嶽神社《みやじだけ》

＊福岡／福津

全国に鎮座する宮地嶽神社の総本宮

約一七〇〇年前に創建された「宮地嶽神社」は、何度訪れても新しい発見をもたらしてくれる神秘的でロマン溢れる一社です。神功《じんぐう》皇后《こうごう》・勝村大神《かつむらおおかみ》・勝頼大神《かつよりおおかみ》の三柱を祀っており、「何事にも打ち勝つ開運の神」として多くの人々に信仰されるようになりました。境内には、七福神社や稲荷神社、薬師神社といった「奥之宮八社」と呼ばれる社が祀られており、ひとつひとつお参りすれば大願が叶うといわれています。さらに、社の一番奥には「奥之宮不動神社」があり、ここは全長二十三メートルにも及ぶ日本最大級の古墳。六世紀から七世紀に作られたとされ、二六〇年前に発見された当時、馬具や刀装具など三〇〇点あまりの出土品が見つかりました。その内、二十点は国宝に指定されています。まさに、この地の繁栄と富を象徴しています。

飛躍や回転をしながら舞い、独特な足づかいが特徴のこちらは「つくし神舞《かんめい》」と呼ばれる宮地嶽神社に伝わる伝統芸能

お参りのあとに♪

宮地浜に面した海を目の前に臨む贅沢なロケーション。こちらのカフェは、食事はもちろん、喫茶としても立ち寄れる。御朱印巡りの計画にひとつ加えておきたい一軒。

LANDSHIP CAFE

福岡県福津市宮司浜 4-5-17
TEL 0940-52-0381
[営業時間] 11:30 ～ 20:00(LO)
[定休日] 火曜日、第 1・3 水曜日

御朱印

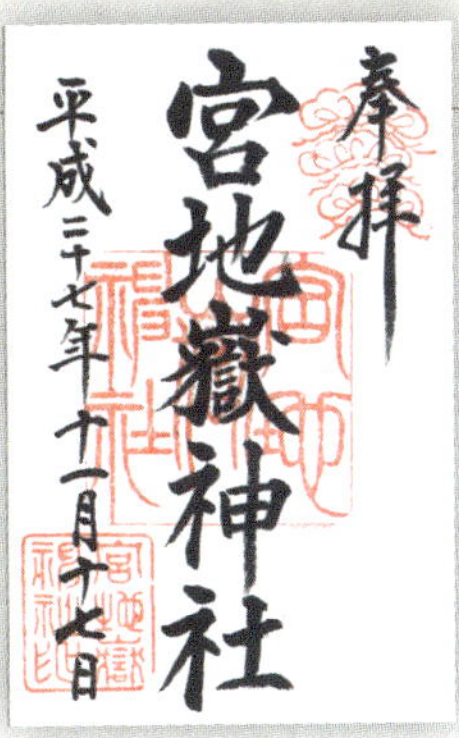

御朱印は宮地嶽神社の他、奥之宮八社それぞれのものも用意している。各社を回った後に見ておきたいのが本殿にかかる大注連縄、そして大太鼓と大鈴だ。この三つは日本一の大きさを誇るので訪れた際一度は見ておきたい

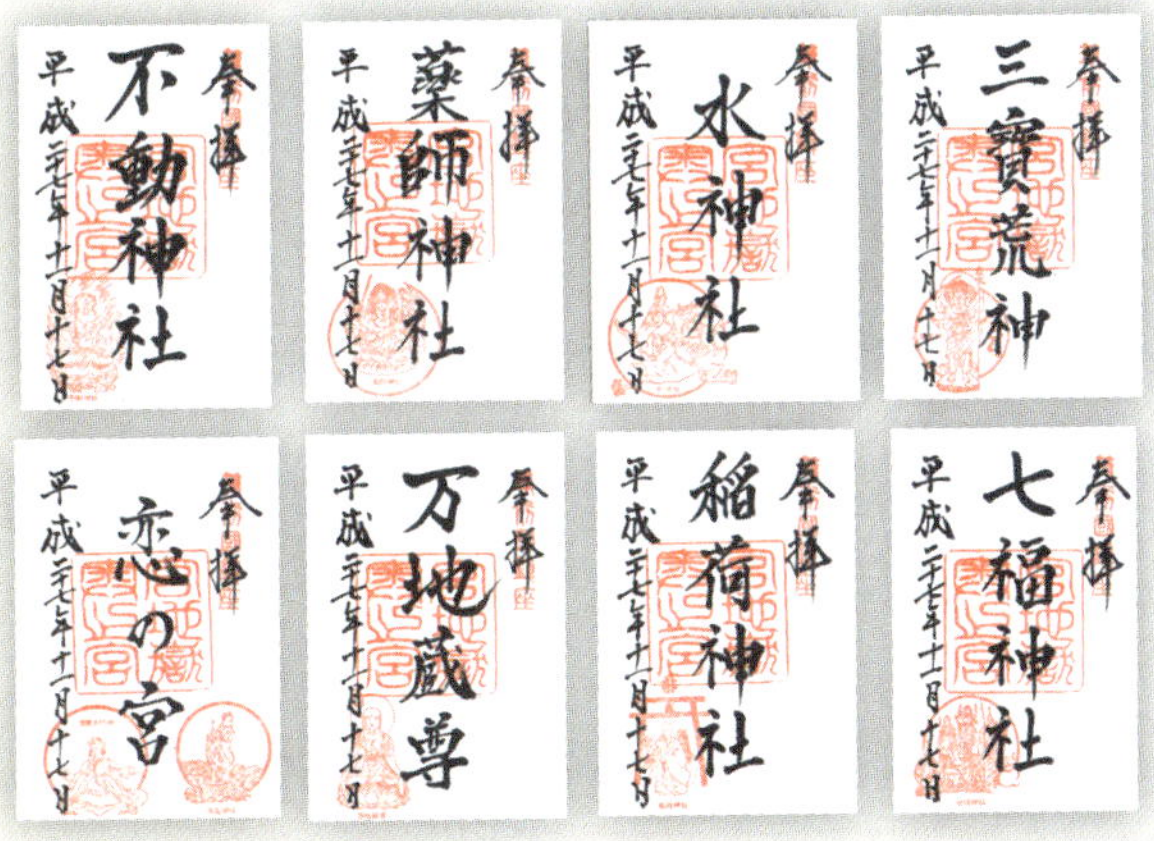

Information

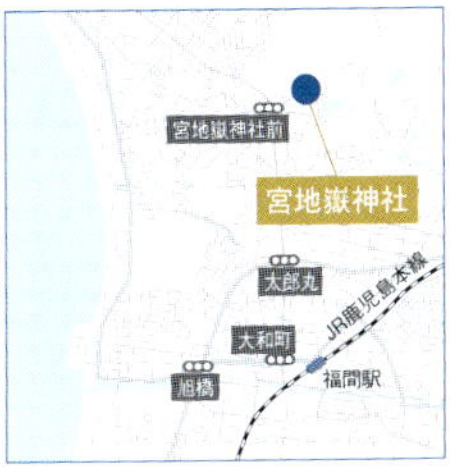

宮地嶽神社

福岡県福津市宮司元町7-1
TEL 0940-52-0016
[参拝時間] 終日
[御朱印料] 300 円
(御朱印・御守の授与 9:00 ～ 17:00)
[アクセス] JR 福間駅よりバス 5 分
http://www.miyajidake.or.jp/

Pick up

商売繁盛や交通安全、家内安全の神として年間 220 万人が足を運ぶこちらでは、さまざまなお守りが並ぶ

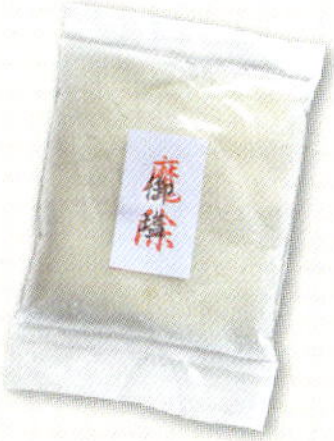

“魔除” と書いた御塩 (200 円) は、持ち歩いてお守りにしたり、また少し口にし身を清めるなど、気持ちを浄化してくれる

真言宗最古の寺院

別格本山 鎮国寺

＊福岡／宗像

弘法大師ゆかりの地

ここは、弘法大師（空海）が創建した真言宗最古の寺院。弘法大師は、第十六次遣唐使船に乗って海を渡るとき、嵐に見舞われてしまいます。そのとき危難を救わんが為、祈誓を込めていたところ、波間に不動明王が現れ嵐を静めてくれました。その後、八〇六年に無事に帰朝した弘法大師が、最初に立ち寄り礼参したのが宗像大社でした。そのとき、この地の屏風山に瑞雲が棚引く様子を見たことから、この場所で修法を始めることに。そうして加持祈祷を続けていると、「この地こそは鎮護国家の根本道場たるべき霊地」とのお告げを授かり、鎮国寺を建立したと言われています。

敷地内には、弘法大師作と伝えられ、年に一度御開帳する「不動明王立像」や宗像三神の本地仏がおさめられており、貴重な文化財に出合える場所としても有名。一年を通して美しい草花を楽しめるスポットとしてもおすすめです。

先祖供養や水子供養の他、厄除け、商売繁盛、安産成就、学業成就、ボケ封じといった祈願もでき、思い思いに訪れることができる

お参りのあとに♪

近隣の漁港から水揚げする玄海活きイカや、冬になるとふぐ料理など、地元の新鮮食材を楽しませてくれるこちらのお店。宿泊の他にもレストランの利用もできるのでランチに立ち寄ってみては？

御宿はなわらび

福岡県宗像市江口 518-1
TEL 0940-62-0107
［営業時間］〈レストラン〉11：00～15：00（14：45LO）、17：00～20：30（20：15LO）

御朱印

護摩堂で受け付けをしている御朱印は、九州八十八ヶ所百八霊場第八十八番としての印も押されている

Pick up

Must item

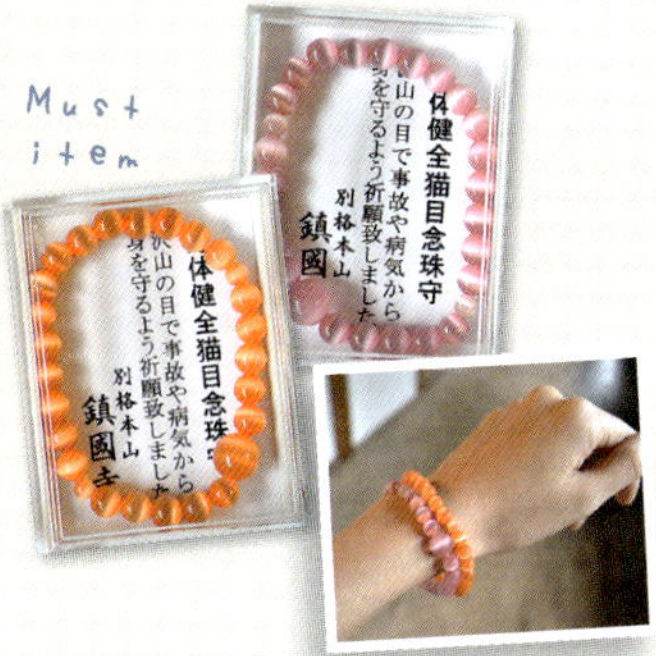

「身体健全猫目念珠守」2,000円。シンプルなつくりのこちらの数珠は、普段身に着けるにもいい。重ね付けしてアクセサリーのように使うのも◎

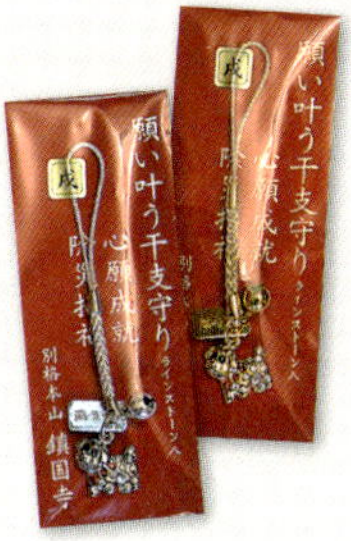

ラインストーンの付いた「願い叶う干支守り」500円

微細な粉末状の「塗香」は、自分自身を清める目的で手などに塗って香りも楽しめる。500円

ベーシックなお守りから用意しており、それぞれの思いに合わせて選びたい

Information

別格本山　鎮国寺

福岡県宗像市吉田966
TEL 0940-62-0111
［参拝時間］8：00～17：00
［御朱印料］300円
（御朱印・御守の授与 9：00～17：00）
［アクセス］JR東郷駅より車約10分、西鉄バス宗像大社前より徒歩15分
http://www.chinkokuji.or.jp

南蔵院

世界最大の涅槃仏に驚き!

＊福岡／篠栗

自然に囲まれた涅槃仏と不動明王

最寄駅の城戸南蔵院前駅のホームからも見える涅槃仏の頭部。初めて見る方はその大きさにきっと驚くでしょう。全長四一m、高さ十一mと、世界一大きいブロンズ製の涅槃像で知られる南蔵院は、高野山真言宗の別格本山です。真言宗の霊場といえばお遍路で知られる「四国八十八ヶ所」が有名ですが、ここ篠栗町にも八十八ヶ所の霊場があり、その第一番が南蔵院となっています。

涅槃仏以外にも、高さ十mの不動明王像や、ここに霊場が開かれるきっかけとなったお滝場、幹に直接雷神が彫られた御神木なども見所の一つです。また、以前住職が宝くじの一等前後賞を当てた際にくじと一緒にしまっていたという「大黒天のお札」や、二〇〇一年の近鉄バファローズ優勝の原動力ともなった「腕念珠」は、ここでしか手に入らないため人気を集めています。

涅槃仏の壮大な姿をひと目見ようと、今や日本だけでなく海外からも参拝者が訪れる

お参りのあとに♪

南蔵院参道沿いに建ち、参拝者たちの憩いの場所となっているこちら。人気の「カリーうどん」の他、軽食メニューや土産物も揃う。3階の桟敷小屋は100名まで利用可能だ。

たまや

福岡県糟屋郡篠栗町篠栗987
TEL 092-947-0245
[営業時間]
〈食事処〉 11：00 ～ 15：30
〈土産物屋〉 9：30 ～ 17：00

Information

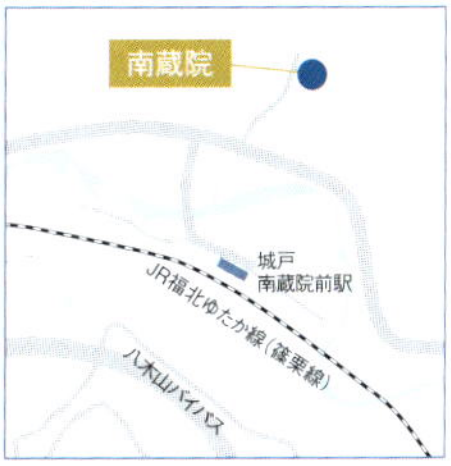

南蔵院

福岡県糟屋郡篠栗町篠栗1035
TEL 092-947-7195
[参拝時間] 終日
[御朱印料] 200円
(御朱印・御守の授与 9：00 ～ 16：30)
[アクセス] JR福北ゆたか線
城戸南蔵院前駅より徒歩3分
http://www.nanzoin.com

御朱印

釈迦如来の名が漢字と梵字で記される御朱印

Pick up

煩悩を焼き尽くす不動明王が描かれた御朱印帳。1,000円

涅槃仏が描かれたお守り。500円

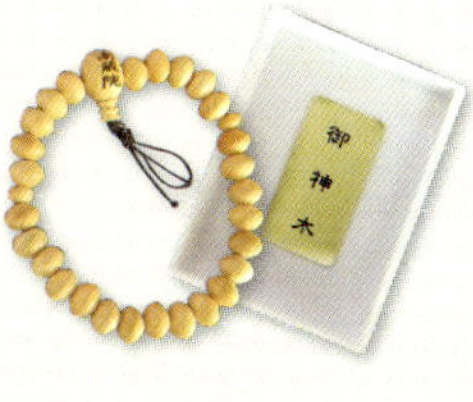

雷の落ちた木は霊力が宿り御神木となるという言い伝えから、各地の御神木を削って作られた腕念珠

春

福岡城さくらまつり

福岡城址である舞鶴公園は桜の名所として毎年多くの人が集まり賑わいます。公園内には約1,000本18種類の桜が植わり、少しずつ時期をずらしながら咲き誇っています。特に天守台や多聞櫓、御鷹屋敷をライトアップする夜は昼間とは違う表情の桜が楽しめますよ。

期間　3月下旬～4月上旬

※桜の開花状況にあわせて

夏

博多祇園山笠

1241年に始まった博多祇園山笠。毎年その期間が近付くと博多の男たちは準備で大忙しです。1日からは町中に飾り山笠が置かれ、趣向を凝らした飾りが町行く人の目を引きます。15日早朝に男たちが山笠を曳いて駆け抜ける追い山笠は圧巻です。

期間　7月1日～15日

福岡市博多区上川端町1-14　櫛田神社

秋

筥崎宮放生会大祭（ほうじょうや）

博多三大祭りのひとつで、毎年500店以上の露店が並び100万規模の人で賑わいます。期間中に販売される「おはじき」や「ちゃんぽん」、露店の「新生姜」が名物で、特に博多人形師が作る「おはじき」は毎年違うデザインで作られ話題となります。

期間　9月12日～18日

福岡市東区箱崎1-22-1　筥崎宮

冬

イルミネーション

11月中旬頃から通りや公園など福岡市内のあちらこちらでイルミネーションが見られます。博多駅前広場は約70万個のLEDが煌めく光の街並みを作り出し、訪れる人々を明るく出迎えます。

期間　11月上旬～1月上旬

北九州エリア

安産と成長の御神徳が宿る

到《いとう》津《づ》八幡神社

＊北九州／小倉

子どもの誕生・成長を見つめ続けて千四百年

その昔、妊娠したまま戦に臨むことになった神功皇后は、不思議な力で出産を遅らせることで、無事応神天皇を安産しました。戦からの帰路に板櫃《いたびつ》川に立ち寄ったことから、その御霊をお祀りしたのが到津八幡神社の起こりです。板櫃川は別名「産川《うぶかわ》」と呼ばれ、神功皇后にあやかって、地元の人たちに産湯として用いられてきました。またこちらも、古くから「安産守護」「子どもの成長守護」の御神徳がある神社として慕われてきました。境内には仲睦まじい親子連れや、三世代で訪れる人々の姿も見られます。

参拝者の多くが求めていくのが安産祈願の「子守石」です。無事出産が叶った暁には、神様への報告の意味を込め石に赤ちゃんの名前を書いて、可愛らしい犬の像「子守犬」にお納めします。他にもお礼参りをする参拝者のために建てられた九寿殿など、見所いっぱいの神社です。

出産後に子守石を納めるのがこちらの子守犬。犬は伝統的な多産・安産のモチーフ

お参りのあとに♪

築60年の古民家でいただく絶品のイタリアン。シンプルなマルゲリータは、低温発酵で熟成させた生地のモチモチ感を存分に楽しめる。

イタリアンカフェ KAZAMIDORI

福岡県北九州市小倉北区
真鶴1-8-18
TEL 090-3739-5695
［営業時間］11：30 ～ 15：00、
18：00 ～ 22：00
［定休日］火曜日

Information

到津八幡神社

福岡県北九州市小倉北区上到津1-8-1
TEL 093-561-2051
［参拝時間］終日
［御朱印料］300円
（御朱印・御守の授与 8：30 ～ 16：30）
［アクセス］JR 南小倉駅より
徒歩20分
http://members.jcom.home.ne.jp/itouzu/

御朱印

到津八幡神社の建つ「企救郡大社」が朱印で押されている

Pick up

ちょっぴり洒落の効いた「ウマくいく御守」も人気。600円

こちらの絵馬に神様への報告やお礼を書いて、九寿殿へ奉納する。お守りの中には、御神木の本体が封じられている。1,000円

Must item

多くの参拝者が求める子守石。子守犬に石を納めた後は、小物入れとしても使える。1,000円

戸上神社《とのえ》

霊験あらたかな戸上山に佇む

＊北九州／門司

大名も通った地元の守り神

門司駅を降りると、目の前に雄大な姿でそびえる戸上山。霊験あらたかなこの地に惹かれ、かの空海も立ち寄ったと言われています。この戸上山の山頂には戸上神社の上宮が、麓には本宮が建ち、江戸時代には参勤交代でここを通る大名たちがこぞって参詣したと言われています。

御祭神である天御中主《あめのみなかぬし》神《かみ》は、天と地もまだはっきりと分かれていない混沌の時代に出現し、神話の一番初めに登場するありがたい神様です。また、この他、伊邪那岐神《いざなぎのかみ》、伊邪那美神《いざなみのかみ》の夫婦神など、二〇柱の神様を祀っています。

開運厄除や初宮詣祈願、神前結婚式など、様々な御利益があると言われているこちらは、地域の人々の産《うぶ》土《すな》神として篤い信仰を集めています。

子どもの健やかな成長を願って建てられた「せたけ石」。身長が測れる目盛が刻まれていて、毎年この前で家族写真を撮る人も多い

お参りのあとに♪

旬の海の幸を上質な空間で楽しめるレストラン。窓の外に広がる関門海峡の絶景を眺めながら、優雅なひとときを過ごせる。個室・お座敷は完全予約制。

ラ・メール雅

福岡県北九州市門司区
大里本町 2-11-33
TEL 093-381-2989
[営業時間] 11：00 ～ 15：30、17：00 ～ 22：00
(冬期レストランのオーダーストップは 20：00)
不定休

御朱印

戸上神社の朱印の上に、神社の紋である剣片喰の朱印が押される

Pick up

Must item

おめでたい生き物である亀が描かれた「亀みくじ」。裏側はしっかりと亀の腹側が描かれている。引けるのは、正月3が日と5月・10月の大祭の時のみ

五角形の形が可愛い「合格守」。実は五角と合格が掛詞になっている。500円

結ばれた形の縁結び守。700円

Information

戸上神社

福岡県北九州市門司区
大里戸ノ上 4-4-2
TEL 093-371-0375
[参拝時間] 終日
[御朱印料] 300 円
(御朱印・御守の授与 9：00 ～ 17：00)
[アクセス] JR 門司駅より
バス 5 分
http://www.tonoe-jinja.jp/

小倉城内に佇む

八坂神社

＊北九州／小倉

アクセス抜群の「小倉のぎおんさん」

「小倉北区城内」という住所が表すように、小倉藩の威光を今に伝える小倉城跡地に隣接する形で八坂神社は佇んでいます。高々と積み上げられたお城の石垣は境内からも眺めることができ、足を止めて見入る参拝者の姿もちらほら。元々は「祇園社」という名前であったため、今でも「小倉のぎおんさん」と呼ばれて愛されています。

主祭神は、ヤマタノオロチを退治したと伝えられるスサノオノミコト（祇園様）です。厄除や産業隆興などを願う地元の人たちに長く愛されてきました。また、その妻クシナダヒメノミコトをお祀りしているため、この夫婦神にあやかり、縁結びや夫婦円満を祈る参拝者たちも後を絶ちません。

七月の祇園祭（まわり祇園）では九州一円から観光客を集めるこちら。西小倉駅から徒歩数分なので、近くを訪れる際には立ち寄ってみてはいかがでしょう。

人気のショッピングモール・リバーウォークの裏手に建つ八坂神社。堂々とした正門が迎えてくれる

お参りのあとに♪

小倉の地で38年。北九州の人なら誰もが知るサンドイッチの名店。常に16～17種類の具を揃え、組み合わせも自由なので何度訪れても新鮮な美味しさが待っている。

Sandwich Factory OCM

福岡県北九州市小倉北区
船場町3-6 近藤別館2F
TEL 093-522-5973
[営業時間]
10：00～20：30(20：00 LO)
無休

Information

八坂神社

福岡県北九州市小倉北区城内2-2
TEL 093-561-0753
[参拝時間] 6：00～17：30
[御朱印料] 300円
(御朱印・御守の授与8：00～17：00)
[アクセス] JR西小倉駅より
徒歩5分
http://www.yasaka-jinja.com

御朱印

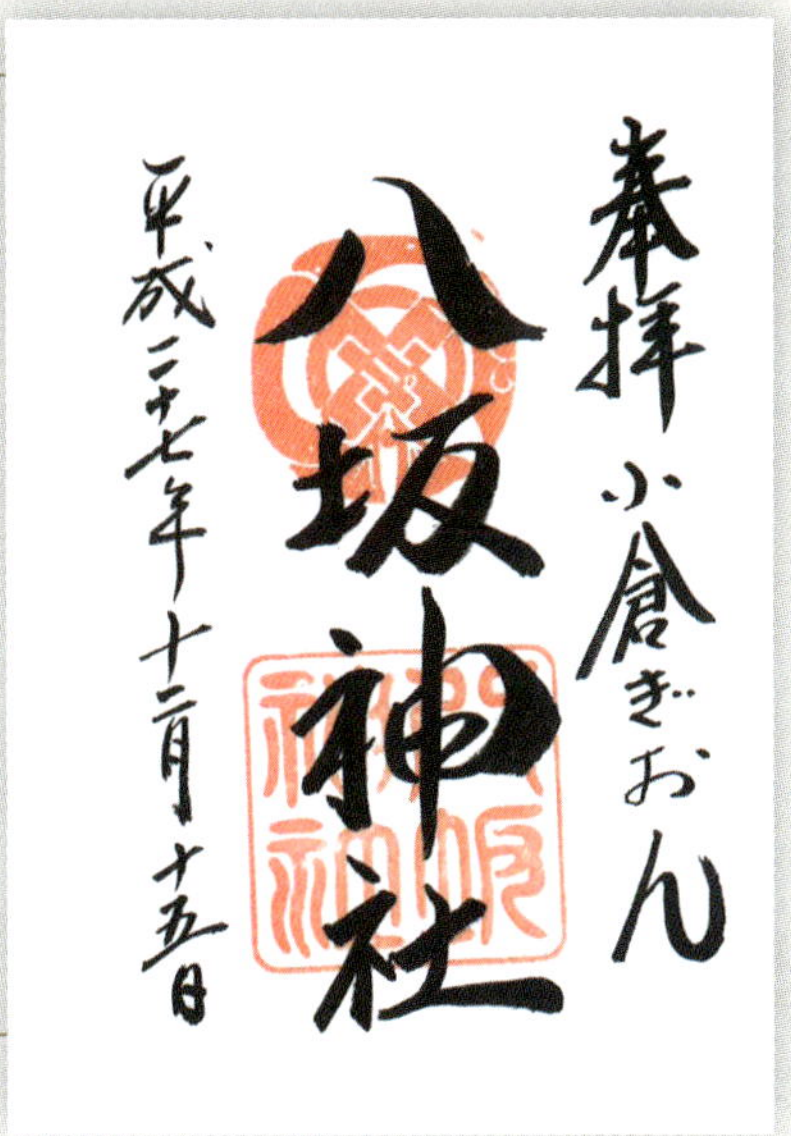

「小倉ぎおん」の文字が、かつて祇園社と呼ばれていたことを伝えている

Pick up

まわり祇園のお祭り風景が描かれている御朱印帳が手に入るのはここだけ。1,200円

茅の輪を可愛らしくミニチュアサイズに。縁起物として自宅に掛けてみては。300円

Must item

えんむすび守セットは、カップルでも友達同士でも。1,500円

涼やかな音色が福を呼ぶ「えんむすびの鈴まもり」。800円

ロマンチックな恋物語が伝わる

篠崎八幡神社

＊北九州／小倉

朱色が美しい北九州の八幡様

「北九州の八幡様」と呼ばれて親しまれている篠崎八幡神社。千四百年以上の歴史をもつこちらは、安産・厄除・商売繁昌など祈願成就の神社として崇敬され、お宮参りや七五三、厄祓いなど、人生の節目ごとに訪れる参拝者も多いそうです。

参拝に訪れた人々の目をひくのは、なんといっても総朱塗彩色の社殿。見つめていると心が落ち着いてくる、不思議な色合いをしています。また、境内に祀られている「蛇の枕石（夜泣き石）」は大蛇と女蛇との恋にまつわる神話にも登場し、恋愛成就・夜泣き封じ・金運上昇などの御利益があると言われています。

遠方からの参拝者にとっては、駐車場が整備されていることも嬉しいポイントの一つ。「いかに気持ちよくお参りしていただけるかを常に考えています」と禰宜の川江正臣さんが話すように、隅々までもてなしの気持ちが行き届いた神社です。

「蛇の枕石」から自然に生えてきた木斛《もっこく》の枝には、良縁を願う人々が結んだ恋みくじが多数結ばれている

お参りのあとに♪

“緑の真ん中”を意味する店名の通り、季節の花々やガーデニンググッズを多数取り揃える。可愛らしい雑貨にも注目！

NAVEL GREEN

福岡県北九州市
小倉北区高坊 2-9-1
TEL 093-932-1187
［営業時間］10：00 ～ 19：00
［定休日］月曜日

Information

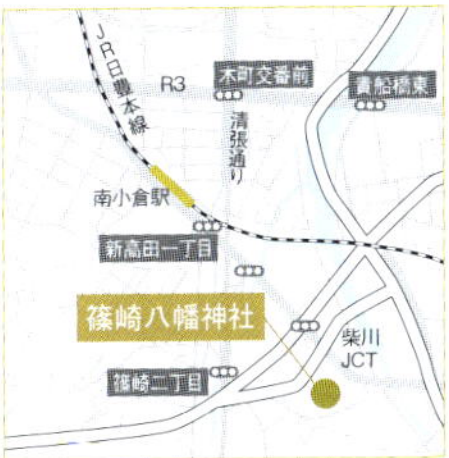

篠崎八幡神社

福岡県北九州市小倉北区篠崎 1-7-1
TEL 093-561-6518
［参拝時間］終日
［御朱印料］300 円
（御朱印・御守の授与 9：00 ～ 17：00）
［アクセス］JR 南小倉駅より
徒歩 10 分
http://www.shinozakihachimanjinja.or.jp/

御朱印

朱印で押される鳥は、神の使いである鳩。番いの鳩が「八」の字になっている

Pick up

桐箱入りの安産守は贈り物に選ばれることも多いのだそう。小 1,200 円　大 1,500 円

「蛇の枕石」の神話にちなんだ白蛇の絵馬を求める人も多い。合格必勝絵馬、安産絵馬の三種類が揃う。各 500 円

Must item

「蛇の枕石導き守」（800 円）が手に入るのは、日本でもここだけ

コラム・四季の観光スポット

北九州編

春

吉祥寺の藤

鎮西上人の生誕の地である吉祥寺。4月下旬には白紫の藤の花が境内を彩ります。3本ある樹齢約160年の野田藤は市の保存樹に指定されている他、4種類10数本の藤が境内の天井を飾っています。鎮西上人の開山忌と藤の見頃に合わせて「藤まつり」も開催されます。

期間　4月下旬

福岡県北九州市八幡西区吉祥寺町13-11

TEL 093-617-0237

夏

関門海峡花火大会

北九州市門司区と下関市との間にある関門海峡で盛大に行われ110万人以上が訪れます。両岸から西日本最大級である約15,000発を打ち上げ、遊覧船から眺めることができるなど、港町ならではの楽しみ方ができる一大イベントです。

期間　8月13日

山口県下関市唐戸あるかぽーと地区及び22号岸壁周辺

福岡県北九州市門司区西海岸埋立地

秋

平尾台

標高300～700メートルにある広大なカルスト台地には美しい景観が広がり、四季折々の変化を見ることができます。まるで羊の群れのように見える石「ピナクル」や200を越える鍾乳洞などカルスト特有の地形が見所です。

福岡県北九州市小倉南区平尾台

冬

皿倉山の夜景

北九州国定公園の一部である標高622メートルの皿倉山は市内を一望できる山頂からの景色が100億ドルの夜景と言われるほどの美しさで有名です。特に空気が澄んでいる冬は遠くまで広がるパノラマが絶景です。ケーブルカーなどで登ることができ気軽に楽しめるのでデートにもおすすめ。

福岡県北九州市八幡東区

筑後・筑豊エリア

筑後国一の宮

高良大社

＊筑後・筑豊／久留米

古くから信仰厚い月が昇る山

耳納連山の起点である標高三一二メートルの高良山は筑後平野に人が暮らし始めた頃から神々の山として崇められていました。その頂上に鎮座する高良大社は古くは「高良玉垂宮」といい御祭神は高良玉垂命、八幡大神、住吉大神の御三神。厄よけ、長寿、芸能などのご利益があるとされ、周囲の集落では今でも高良山の水を家や土地のお清めに使っています。高良玉垂命は古事記には登場しないためその存在が謎とされていましたが、現在は武内宿禰と同一人物ではないかと言われています。久留米側から見ると月が高良山から出て空へ昇っていくように見えることから、古くから高良大社と月との結びつきは深く、御神紋も雲から月の光が溢れ出てくる様子を表わしているのだとか。高良山の標高があまり高くないことから気軽なハイキングスポットとしても人気があり、展望台は筑後平野が見渡せる絶景スポットとしても知られています。

御神木の大楠。樹齢約400年といわれている

お参りのあとに♪

本殿から少し足を伸ばして二十分程歩いたところにある高良大社の奥宮。霊水が湧く聖地として知られるパワースポットで、毘沙門天にちなんだ毘沙門殿がある。あらゆる願い事を叶えてくれる神様として篤く信仰され、特に「寅」の日には参拝者が多く集まる。

高良大社奥宮（奥の院）

御朱印

右上には筑後国一之宮、中央には高良大社の印が押されている。霊山高良山の厳かさを思い出させる御朱印

Pick up

高良の神が授かったという干珠満珠の紋が入った御守。500円

Must item

芸能上達御守には八幡大神の御神紋である右三つ巴。500円

Information

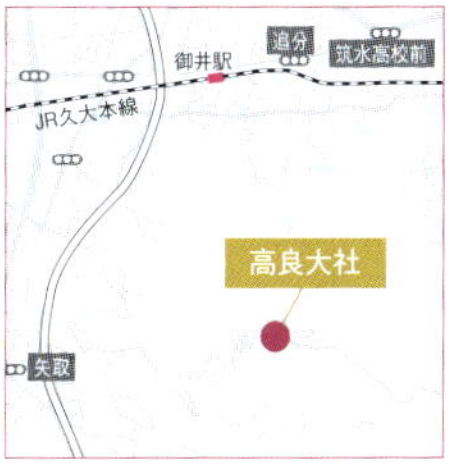

高良大社

福岡県久留米市御井町1
TEL 0942-43-4893
［参拝時間］〈冬〉6:00～18:00、
〈夏〉5:00～19:00
［御朱印料］300円
（御朱印・御守の授与8:30～16:30
※時間外は要問合せ）
［アクセス］JR久留米駅から車30分
http://www.kouratatisya.or.jp

※正月、大祭にはバス運行あり

大日如来の化身

成田山久留米分院

＊筑後・筑豊／久留米

迷いを打ち砕き障りを除く

九四〇（天慶三）年に寛朝大僧正によって開山され、嵯峨天皇の勅願によって弘法大師が自ら彫った御本尊の不動明王が「身代わり不動尊」として有名な千葉県成田市の成田山新勝寺より、一九五八（昭和三三）年に御分霊を勧請し開山したのが久留米分院です。大日如来の化身である不動明王は手に煩悩を断ち切る智剣、言うことを聞かない者を縛ってでも救おうとする三昧の索を持ち、背中には煩悩を焼き尽くす火焔を背負った姿ですべての人を救う仏です。境内にある高さ六十二メートルの救世慈母大観音像は日本最大級の大きさで、遠くからでもその姿を望むことができます。成田山では商売繁盛や交通安全などを御祈祷によって不動明王に祈願します。

救世慈母大観音像は内部を登ることができ、久留米市を遠くまで見渡せる

お参りのあとに♪

成田山のふもとにある小さなかわいいカフェ。アンティークが飾られた店内に入れば、まるでおとぎ話の世界に来たような気分に。一番人気のフレンチトーストは一口食べればしっとりと優しい甘さが広がる自慢の一品。

Otogi

福岡県久留米市
上津町 1828-8
パークサイド上津 1A 1F
TEL 0942-22-2333
[営業時間] 11:00 ～ 14:30(LO)
不定休

御朱印

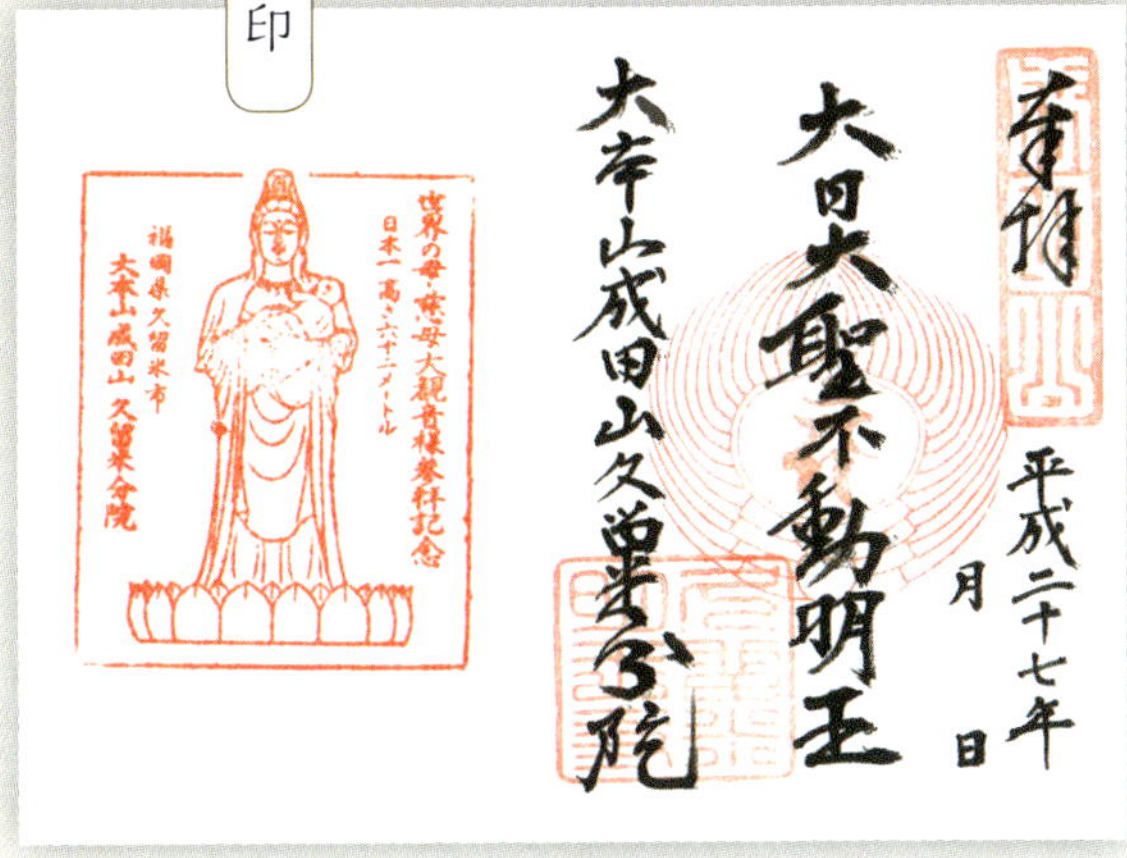

2ページに亘る御朱印。中央に不動明王を表す文字があり、左側には慈母大観音の像が押されている

Information

成田山久留米分院

福岡県久留米市上津町 1386-22
TEL 0942-21-7500
[参拝時間] 8:00 ～ 16:30
[御朱印料] 500円(2ページで)
(御朱印・御守の授与 8:00 ～ 16:30)
[アクセス] 久留米ICより車約10分、広川ICより車約8分
http://www.kurume-naritasan.or.jp/

Pick up

11色の「身代わりお守」(600円)は身にかかった災難から身を守ってくれる

Must item

サンリオのキャラクターがかわいい「身代わりお守」800円

絵馬は青い姿の不動明王、成田山全景、縁結びの3種類各600円

清浄な空気が包む

久留米宗社 日吉神社

＊筑後・筑豊／久留米

城下町随一の社として久留米宗社といわれる

滋賀県大津市坂本に鎮座する日吉大社が本社で、古くは酒の神、都の鬼門守護、厄除け守護神として崇められていました。一一七七年に篠山城近くの土豪の守護神として祀られたのが始まりと言われ、一六四七（正保四）年に城郭の拡張などに伴って久留米藩第二代藩主有馬忠頼公によって城下町の最吉方位「風門」の方角である現在地に遷座されました。通常神社は南か東を向いていますが、日吉神社は城下町の最東南から町中を臨み久留米を守護するため西を向いています。神の使いである真猿は「勝る、優る、魔去る」に通じるとされ、本殿の真猿をなでると災厄を持ち運び良き御縁に導くといわれています。古来より城下町の人々のみならず多くの人の健やかな発展を見守ってきた社です。

御神木夫婦銀杏は子授け縁起もあり、境内の産霊《うみの》宮《みや》は婦人の病気平癒や子授け、安産、良縁結びの神として福岡県内外の人達にも親しまれている

お参りのあとに♪

扉を開くとコーヒーの香りが迎えてくれる老舗喫茶店。映画のロケにも使用されるほどの重厚な店内は訪れた人に安心感を与えてくれる。リピーターも多く10種類から選べる「ケーキセット」820円や錫のジョッキに入った「アイスコーヒー」580円もおすすめ。自家焙煎コーヒー豆の完売も行っている。

しのはら珈琲店

福岡県久留米市
六ツ門町6-1
TEL 0942-232-0932
[営業時間] 9:00～23:00
不定休

Information

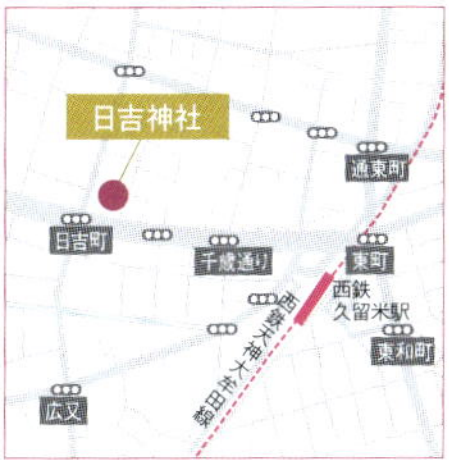

久留米宗社　日吉神社

福岡県久留米市日吉町106
TEL 0942-32-3770
[参拝時間] 7:00～17:00
[御朱印料] 300円
(御朱印の授与 9:00～16:00)
(御守の授与 9:00～17:00)
[アクセス] 西鉄久留米駅より徒歩7分
http://kurumesousya.main.jp/hiyoshi/

御朱印

日吉神社と力強く書かれたご朱印。例大祭の時だけ金で書かれたご朱印が授与される

Pick up

Must item

御神使の真猿にちなんだ「勝る」御守700円

こちらも真猿にちなんだ「身代わり厄さる」御守500円

絵馬「厄去る」500円

三柱神社

水郷柳河に鎮座する復活の神

＊筑後・筑豊／柳川

伝説の武将が鎮座する水郷の名勝

初代柳川藩主立花宗茂公、岳父戸次道雪公、宗茂室誾千代姫の三神を祀っていることから三柱神社と称される社です。宗茂公は関ヶ原の戦いに出向いた際に敵の襲撃にあい間に合わず、もし間に合っていたら戦況が変わっていただろうと言われる程の強者でした。宗茂公は戦の後、改易され浪人に落ちますが、その後旧領柳川藩に返り咲いた歴史上唯一の藩主という逸話から今では勝利と復活の神として親しまれています。また、緑豊かで荘厳な境内は国指定名勝水郷柳河として多くの人の心を和ませています。柳川市出身の第十代横綱雲龍久吉が奉納相撲を行ったと伝えられており、拝殿には第六十八代横綱・朝青龍と第六十九代横綱・白鵬の綱が展示されるなど相撲とも縁のある神社です。平成三十七年には建立二百周年を迎えます。

縦にはすぐ裂けるが横にはなかなか切れないことから縁結びの木として知られる「梛の木」。多くの人が良縁や商売繁盛を祈願するために訪れる

お参りのあとに♪

1783年に当時の柳川藩主立花貞俶が「御花畠」と呼ばれていたこの地に建てた別邸。立花家の歴史と共に300年余りの歴史を持つ敷地は全体が「立花氏庭園」として国の名勝に指定されています。クロマツに囲まれた松濤園や明治の姿をそのまま残す西洋館などが見所で、優美な姿がたくさんの人の心を惹き付けます。

柳川藩主立花邸 御花

福岡県柳川市新外町1
TEL 0944-73-2189
［開園時間］9：00～18：00
［入園料］大人500円、
高校生300円、小中学生200円

Information

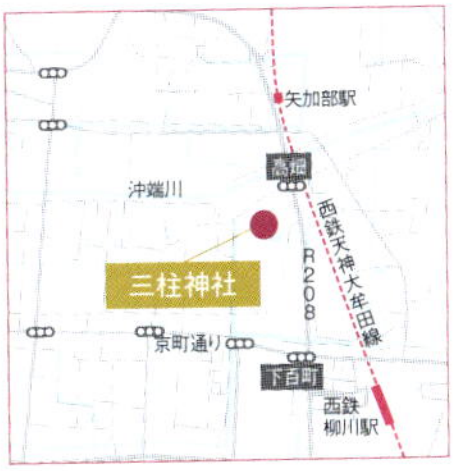

三柱神社

福岡県柳川市三橋町高畑323-1
TEL 0944-72-3883
［参拝時間］終日
［御朱印料］300円
（御朱印・御守の授与9：00～17：00）
［アクセス］西鉄柳川駅より徒歩5分、みやまICより車20分
http://www13.plala.or.jp/

御朱印

立花家の家紋である祇園守紋が右上に押された御朱印

Pick up

猛々しい龍がインパクト大の「勝守」（500円）と就職祈願としても人気の宗茂公の兜が描かれた「成就」御守（500円）

Check!

三柱神社秋季例大祭「おにぎえ」は秋の風物詩として多くの人で賑わいを見せる

見事に蘇った宗茂公にあやかった「蘇」の御守（500円）。再就職や病気平癒、健康の御守として

全国水天宮の総本宮

水天宮

＊筑後・筑豊／久留米

筑後川のほとりに鎮座する

一一八五（寿永四）年壇ノ浦の戦いの後、高倉平中宮の官女・按察使局《あぜちのつぼね》伊勢が筑後川の近く鷺野ヶ原まで逃れて一一九〇（建久元）年に水天宮を祀り創建されました。その後兵禍を避けながら幾度か場所を移し、一六五〇（慶安三）年に久留米藩第二代藩主有馬忠頼公が社地と社殿を寄進して現在に至ります。ここには壇ノ浦の戦いで二位の尼に抱かれて入水したとされている安徳天皇を伊勢が守り生きて筑後に潜んでいたという言い伝えが残っています。伝説では安徳天皇は筑後の豪族の娘に恋をし、椿の花にその想いを託したと言われていることから、水天宮の御神紋は椿を象ったものになりました。古くから農業、漁業、航海業に携わる人々からの信仰や子どもの守護神、安産の神、子授け等に霊験あらたかであると親しまれています。

水天宮の境内には38種類の椿が植えられ、毎年２月から３月が見頃

お参りのあとに♪

大正10年創業の牛島製茶がプロデュースする和カフェで八女茶や八女茶を使ったスイーツを楽しめる。ショップでは「深蒸し八女茶」や高級茶葉「玉露」を使用したスイーツ等を購入することができるのでお土産にもおすすめ。

牛島製茶 JR久留米店
和 cafe Leaf Heart

福岡県久留米市城南町2-34
JR久留米駅東口
TEL 0942-34-2231
[営業時間]〈物販〉9:30～19:00
〈カフェ〉11:00～19:00(18:00LO)
[定休日] 元旦

Information

水天宮

福岡県久留米市瀬下町265-1
TEL 0942-32-3207
[参拝時間] 終日
[御朱印料] 300円
(御朱印・御守の授与 9:00～17:00)
[アクセス] JR久留米駅より徒歩8分
http://www.suitengu.net

御朱印

ご朱印にも押された御神紋である椿は境内に数多く植えられており、2月から3月にかけて38種を楽しむことができる

Pick up

水天宮ゆかりの波、いかり、椿が描かれた御朱印帳
1,500円

子どもの首につける事ができるひょうたんの御守 300円

Must item

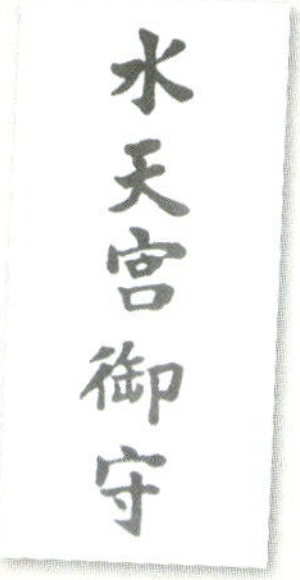

水天宮御守 200円

水天宮の御守は全て按察使局から歴代宮司に伝わる2月の神水祈祷を経て、汲み取られたご神水で墨をすり、版木に塗り起こして奉製される

安徳天皇の伝説が残る椿が描かれた「縁結び御守」600円

如意輪寺

歴史ある寺院でかえるに元気をもらおう

＊筑後・筑豊／小郡

願い叶える如意輪観音とかえるの前向きパワー

「かえる寺」として親しまれている如意輪寺は、七二九（天平元）年に行基によって開山されました。ご本尊である如意輪観音は願いを叶えてくれる観音で、ここにあるのは日本唯一の立像です。十二年に一度ご開帳される時以外は秘仏とされており、次に開帳されるのは平成三七年。境内に一歩入るとまず目に飛び込んでくるのが、沢山のかえる像たち。境内で出迎えてくれるかえるの他にも本堂の中には「かえる部屋」があり、二十三年程前から増え続けているかえるグッズが所狭しと並んでいます。すべてのかえるを数えるとその数なんと五〇〇〇匹以上。かえる部屋には今でも、かえるが増えていくきっかけとなった初代のかえるが鎮座しています。それぞれのかえるが持つ「無事かえる」「さかえる」などのメッセージは、来る人に勇気や優しさを与えてくれます。

個性的なかえるたちにはそれぞれ意味がある。お気に入りを探してみよう。かえるロードには人生の出来事がかえるで描かれた塀のレリーフが続いている

お参りのあとに♪

自然にこだわった手作り洋菓子店。定番人気の「シュークリーム」120円はバニラと抹茶の２種類がある。カフェテラスも併設しているのでお参り後の休憩にぴったり。

レーブ・ド・ベベ

福岡県小郡市
横隈 1571-1
TEL 0942-75-2020
［営業時間］9：30 ～ 19：00
無休

Information

如意輪寺

福岡県小郡市横隈1729
TEL 0942-75-5294
［参拝時間］8：00 ～ 17：00
［御朱印料］300 円
（御朱印・御守の授与 8：00 ～ 17：00）
［アクセス］西鉄天神大牟田線
三沢駅より徒歩 15 分

御朱印

九州八十八ヶ所百八霊場第三番の印と、如意輪観音の種字が書かれた御朱印。もちろんかえるの絵も

Pick up

運気が好転する「好転かえる」や「無事かえる」など、かえるにあやかった様々なお守り

勝運と導きの神を祀る

勅命社 風浪宮

＊筑後・筑豊／大川

この地がかつて海だった時代から続く歴史

この地が有明海と筑後川の境目であった西暦一九二年、神功皇后が新羅親征から戻る途中に筑後市榎津に軍船を寄せた際に白鷺が姿を現しました。その白鷺を勝運の道を開いた海神少童命《わたつみのみこと》の化身であると、白鷺が止まった土地を聖地として海上指令であった阿曇連磯良《あづみのむらじいそら》丸《まる》に祀らせたことが始まりです。地域の人々には「おふろうさん」という呼び方で知られており、筑後国一円で長く親しまれてきました。白鷺が止まったとされる白鷺の楠は樹齢約二〇〇〇年。幹周りが約八メートル、枝の長さは優に二、三〇メートルを超える御神木です。勝利や導き、航海安全、商売繁盛のご利益があると言われている由緒正しい大社です。また境内にある阿曇連磯良丸の墓は日本最大級の支石墓として知られています。

本殿と正平塔は国の重要文化財に指定されている

お参りのあとに♪

自慢の珈琲は「アメリカーノ」400円。他にも数種類のラテや日替りランチ、マフィンなどが楽しめる。中庭がありゆったりとした時間が流れる大人の空間。こだわりのインテリアを配した家具の町大川市ならではの雰囲気を持つカフェにぜひ足を運んでみては。

BACKYARD COFFEE

福岡県大川市大字幡保172-3
（CRASH GATE 福岡大川店に併設）
TEL 0944-88-3939
［営業時間］10：00～18：00
［定休日］12/30～1/1

Information

勅命社 風浪宮

福岡県大川市大字酒見726-1
TEL 0944-87-2154
［参拝時間］終日
［御朱印料］300円
（御朱印・御守の授与8：00～17：00）
［アクセス］西鉄バス中原高木病院前より、徒歩12～13分
http://www.ofurousan.jp

御朱印

御神紋である日・月・星を表わす洲浜紋が印されている。勝運の神を参拝した証の御朱印

Pick up

御朱印帳〈1,000円〉は色違いで2色

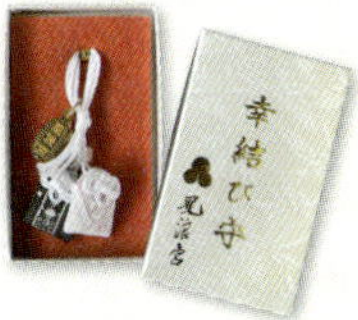

白無垢と袴をイメージした「幸結び守」800円。導きの神の御加護があるとして神前式も人気

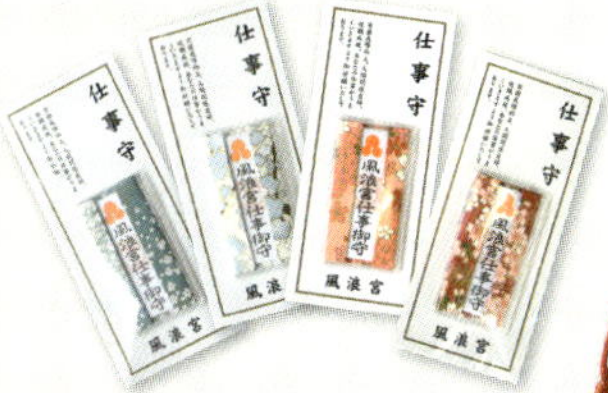

神功皇后が白鷺に出会った時の波をイメージした「勝守」(600円)や「仕事守」(600円) などもある

恋の神様

水田天満宮・恋木神社

＊筑後・筑豊／筑後

九州二大天満宮・水田神社

水田天満宮は後堀河天皇の勅命により一二二六（嘉禄二）年に菅原長者大蔵卿為長朝臣によって創建されました。菅原道真公を御祭神とし、太宰府天満宮と同様に学問にご利益があるといわれています。古くから久留米や柳川などの人々からの信仰も篤く久留米藩主有馬豊氏公や柳川藩主立花宗茂公の帰依を得ていました。また、当時の人々の信仰の篤さは新選組のもととなる浪士組を結成した清河八郎がここを訪れた際に、太宰府天満宮に次ぐ九州二大天満宮と評した程です。境内には十二の末社や神楽舞台のある心字池、神職であった真木和泉守が尊王攘夷論を唱えて蟄居した館などがあります。近隣の人々

天神様に縁の深いとされている鷽鳥。道真公の逸話がに出てくる蜂を咥えた鷽など三体が並んでいる

樹齢六百年の「幸福の一位の木」は、左・右・左と回ると幸せが訪れるそう

は初詣などの参拝はもちろん、日常的に訪れるなど広く親しまれた場所です。

「恋命」が良縁を結ぶ

水田天満宮の建立当時より末社の一つとして「恋《こいの》命《みこと》」を祀る恋木神社は全国で一社のみの珍しい神社です。太宰府に左遷された道真公が都に残してきた妻子や天皇を思う御心を慰めようと、道真公の御霊魂を祀ったといわれています。現在では良縁幸福の神様、恋の神様として女性を中心に親しまれており、境内には御神紋であるハートがあちらこちらに見られます。恋愛の縁だけではなく、友人関係や仕事の縁、子宝など様々な縁を祈願して年間を通して多くの人々が訪れ、毎年三月と十一月の恋命の縁日に行われる良縁成就祭には全国からたくさんの人が集まり賑わいます。

「あふれる程の愛に恵まれますように、素敵な出会いで幸せになりますように」との願いが込められた鳥居。ハートが十個ある

Pick up

御朱印

天満宮の梅の判に恋木神社のハートがアクセント。水田天満宮と恋木神社の御朱印は現在一つになっているが、今後それぞれの御朱印が登場予定

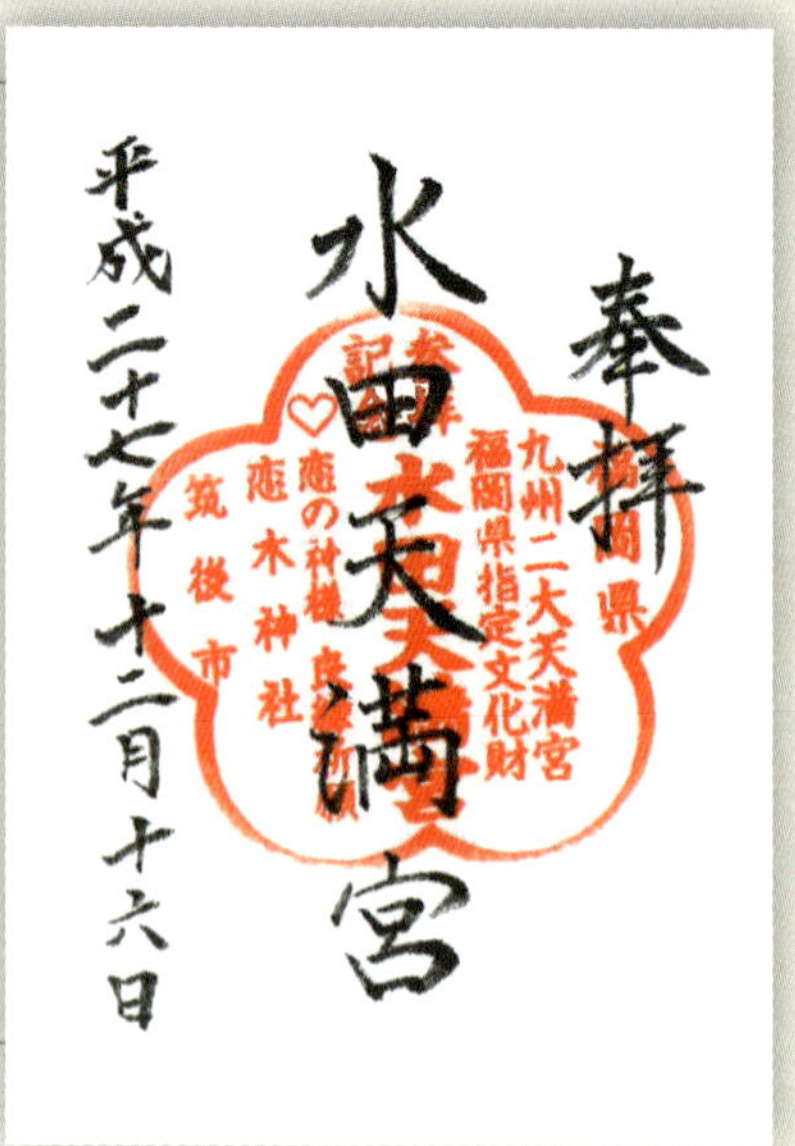

柄が一つ一つ異なる恋木神社の御守（800円）。様々な縁や幸せを導くご利益がある

Must item

学問の神である道真公にあやかった水田天満宮の学業守 小600円、大700円

お参りのあとに♪

豊臣秀吉が九州遠征した際に羽の生えた犬の塚を作ったとされる土地。この犬は秀吉の愛犬とも村を襲う狂犬であったとも言われている。現在は町のあちこちに羽の生えた犬の像や絵が飾られている。

羽犬像

羽犬塚駅前

Lovely!

地域の窯元水田焼の陶板で作られた色とりどりのハートの御守（800円）。陶板は恋参道や御神殿の床などにも使用されている

Information

水田天満宮・恋木神社

福岡県筑後市水田56
TEL 0942-53-8625
［参拝時間］終日
［御朱印料］300円
（御朱印・御守の授与 9:00～17:00）
［アクセス］JR 羽犬塚駅より徒歩 30 分
http://www.mizuta-koinoki.jp/koinoki/

道真公縁の梅が描かれた大願成就を祈願する水田天満宮の絵馬（500円）と縁結びを祈願する恋木神社の絵馬（500円）

長寿・魔除けの神様

多賀神社

＊筑後・筑豊／直方

春になると桃の花が咲き誇る

長寿、鎮魂・魔除けの神として知られる多賀神社は、天照大神の両親にあたる伊邪那岐大神《いざなぎのおおみかみ》と伊邪那美《いざなみの》大神《おおみかみ》を祀っています。創建された年代は定かではありませんが、平安時代にはあったとされる歴史ある一社。徳川の時代には、直方を支藩した黒田家により改築されています。一六九一(元禄四)年には、直方藩主・黒田長清公により、すべてを新築し今のような規模になりました。境内に上がる階段下の一の鳥居は黒田長清公により建立され、柱銘は貝原益軒の書いた書が残されています。また、昭和初期に活躍した女流作家で直方にゆかりのある林芙美子の代表作「放浪記」には、江戸時代から伝わり県の指定無形文化財である〝日若踊〟を奉納する多賀神社秋季大祭のことが書かれています。時の著名人たちも思いを寄せたこの神社は、丘の上から人々の暮らしを見守っているようです。

鎮座するのは、直方の街並みを見渡せる丘の上

お参りのあとに♪

明治41年創業のパン屋さん。以前は多賀神社のすぐそばに店を構えており、女流作家・林芙美子もここのパンを食べていた。当時のままのあんぱんを『芙美子パン』と名付けて販売中。

タシロパン

福岡県直方市
須崎町 14-16
TEL 0949-22-1227
［営業時間］7：30 ～ 18：30
［定休日］日曜日

御朱印

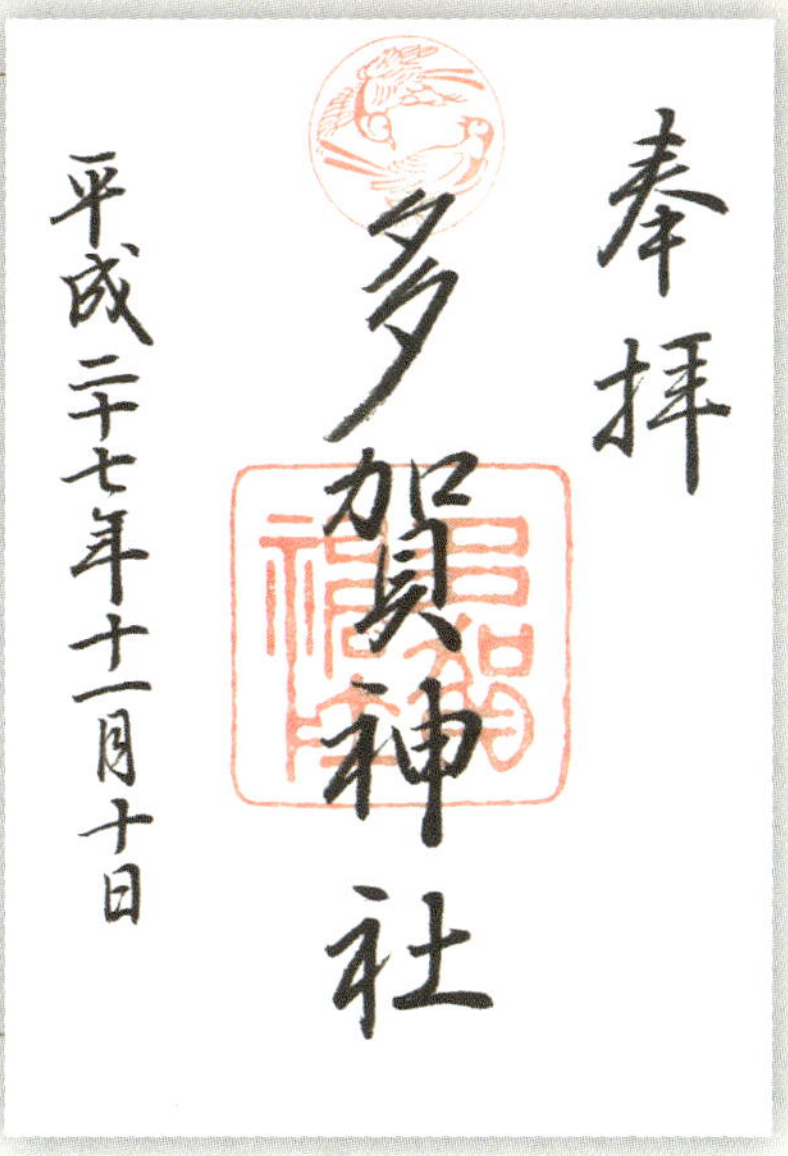

多賀神社の御神紋は、「向《むかい》鶺鴒《せきれい》」という夫婦の鶺鴒を象っており、夫婦円満、家内円満、長寿を祈願している

Information

多賀神社

福岡県直方市直方701
TEL 0949-22-0125
［参拝時間］6：00 ～ 17：00
［御朱印料］300 円
（御朱印・御守の授与 9：00 ～ 17：00）
［アクセス］JR 直方駅より徒歩 5 分
http://tagajinja.jp/

Pick up

本殿の隣に佇む社務所にて健康長寿や開運厄除など、各種お守りやお札を扱っている。中にはかわいらしいこんなものも…

Must item

御神紋である鶺鴒《せきれい》の土鈴、1,000 円。多賀神社の縁起物であり、また春になると咲き誇る桃をイメージした「桃御守」1,000 円。世代を超えてこのお守りを持ち続けている人もいるのだそう

桃の土鈴、1,000 円。この土鈴の一カ所に神社への親しみを込め「お多賀さん」の文字が記されている

コラム・四季の観光スポット　筑後・筑豊編

春　柳川雛祭り　さげもんめぐり

さげもんとは柳川に伝わる雛飾りで、竹輪から７本の糸で７個ずつの49個の飾りと中央に２個の柳川まりを吊るしたもの。古くから女の子のいる柳川の家々では手作りしたさげもんを雛壇のまわりに飾りつけました。お祭りの期間中は様々な施設でさげもんが所狭しとさげられ、町中で女の子の節句を祝います。

期間　２月11日～４月３日　福岡県柳川市
柳川市観光案内所　TEL 0944-74-0891

夏　ひまわり園

毎年16万本のひまわりが咲き誇るひまわり園。道の駅「原鶴」前の畑いっぱいに大輪の花を咲かせる様子は、訪れる人々みんなを笑顔にします。開花の時期に合わせて「ひまわりフェア」も開催され、地元の生産者が作った野菜や果物、ひまわりの花などを購入することができます。

期間　９月中旬
福岡県朝倉市杷木久喜宮1665-1
道の駅「原鶴」ファームステーションバサロ
TEL 0946-63-3888

秋　秋月の紅葉

秋月は筑前の小京都と呼ばれ、鎌倉時代から江戸時代の風情を残した景観が魅力の場所です。ゆっくりと散策するのがおすすめ。秋月城址で最も古い黒門に紅葉の赤色が映え、思わず写真を撮りたくなる風景です。

期間　11月下旬～12月上旬
福岡県朝倉市秋月野鳥　秋月城址

冬　城島酒蔵びらき

全国有数の酒処である福岡県内でも９つの酒蔵が集まる城島・三潴地区。毎年２月に開催される酒蔵びらきでは多くの人が新酒を味わおうと各地からやってきます。当日はお祭りのように出店が出たり、自慢の新酒の試飲ができたりと盛りだくさんの内容。日本酒好きは是非押さえておきたいイベントです。

期間　２月中旬　福岡県久留米市城島町
城島酒蔵びらき実行委員会　TEL 0942-64-3649

佐賀エリア

子宝を願うパワースポット

與《よ》止《ど》日《ひ》女《め》神社

＊佐賀／大和

子宝授かりのパワースポット

肥前国一之宮であるこちらの神社は、「肥前国風土記」によると五六四（欽明天皇二五）年の建立。二〇一四年に創建一四五〇年を迎え、本殿の天井絵や社務所などを新しくしました。天井絵に描かれているのは、御祭神である豊玉姫の龍宮伝説。一つ一つを番号順に見ていくと、伝説が紐解かれるのですが、説明なしではなかなか難しいので、時間が許せば御神職に尋ねてみましょう。

境内のすぐそばには嘉瀬川が流れ、端午の節句の近くになると川幅いっぱいに多数の鯉のぼりがかけられます。その様は圧巻。春の桜や秋の紅葉とともに、この地域を彩る行事の一つです。

また、境内にある「金精さん」と呼ばれる子孫繁栄のシンボルは、子宝を願う人たちの間でパワースポットとして有名に。子宝に恵まれなかった與止日女様がこの石に触れて願ったところ、玉のような子どもを授かったという伝説が残されているそうです。

パワースポットの「金精さん」。「こんせいさん」と呼ばれ、親しまれている

お参りのあとに♪

地元の新鮮な野菜や名物などが揃う「道の駅」は與止日女神社から車で約5分。地元の干し柿を使ったオリジナルソフトクリームや、水の代わりに野菜ピューレを使ったパンなどが人気。干し柿ソフト 320円

道の駅大和そよかぜ館

佐賀県佐賀市大和町
大字梅野 805
TEL 0952-64-2296
［営業時間］9：00～18：00
［定休日］1月1日～3日

Information

與止日女神社

佐賀県佐賀市大和町大字川上 1-1
TEL 0952-62-5705
［参拝時間］9：00～17：00
［御朱印料］300円
（御朱印・御守の授与 9：00～17：00）
［アクセス］JR佐賀駅より昭和バスで川上橋バス停徒歩1分
http://yodohime.area9.jp/

御朱印

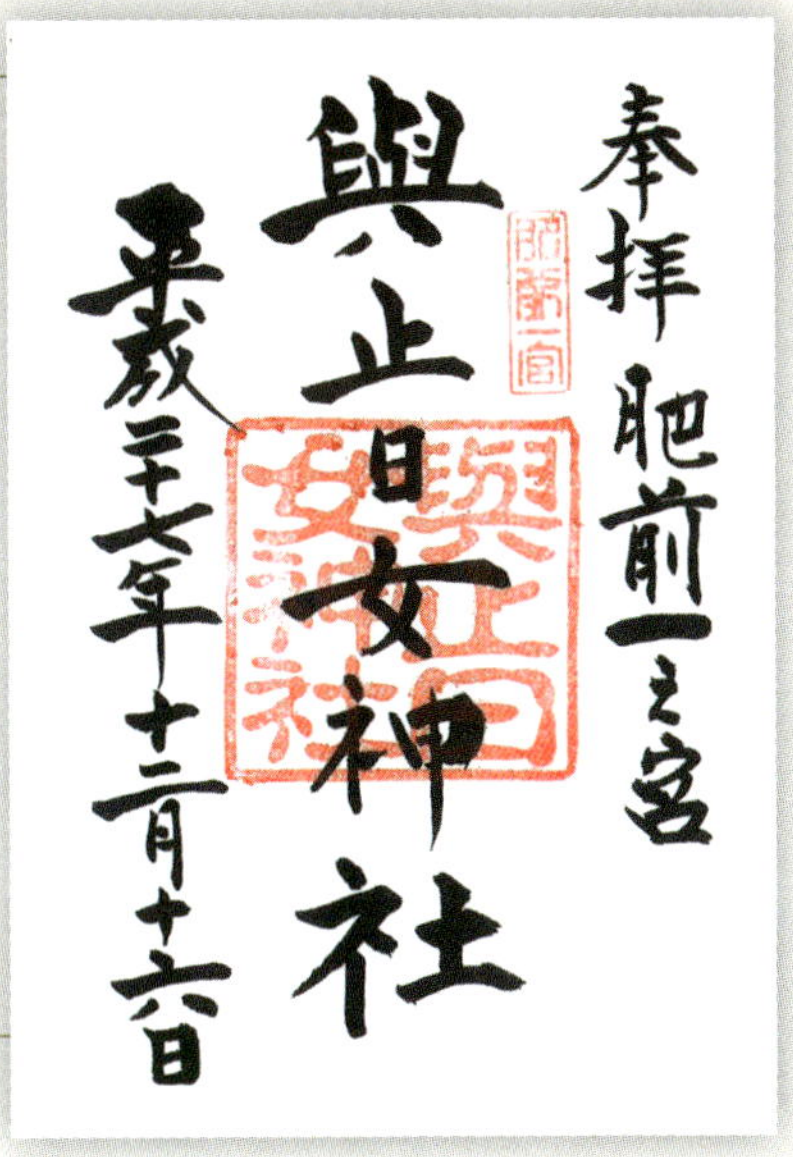

肥前一之宮と書かれたご朱印。一之宮らしい風格を漂わせている

Pick up

子授安産お守り 500円
「金精さん」を訪れる多くの人が選ぶという御守。授かりますように、という願いがこもっている

Must item

本殿の天井絵に注目！
一マスごとに、伝説の絵が描かれている

幸守り　500円
小さい巾着に入ったかわいい御守

宝くじを持っていこう

宝当《ほうとう》神社

＊佐賀／高島

全国でも屈指の金運神社

唐津の渡船場から船で渡る人口三〇〇人ほどの小さな島。この島にひっそりと佇むのが、「宝当神社」です。こちらは、野《の》崎《ざき》隠《お》岐守《きのかみ》綱吉《つなよし》という海賊から島を守った人物を御祭神とする一社。四五〇年以上前には「綱吉神社」と呼ばれていましたが、一九〇一年に鳥居が奉納された際、当島の宝という意味を込めて「寶當《ほうとう》神社」と呼ばれるようになりました。その後、島おこしの一環として一九九三年に〝宝当〟という漢字をあて、縁起物を作ると宝くじが当たったという人が出現。以降、後を続く人が絶えず、その噂が各地へと広がっていきました。境内一角の壁面には、当選した宝くじのコピーが掲示されています。これまで宝くじを持ってここに参拝した後、当選を果たしたという人たちがお礼参りに訪れ、コピーを置いていったそうですよ。

渡船場を降りて歩いて３分ほどで到着。この看板が目印！

お参りのあとに♪

宝くじと一緒に神棚に供えると宝くじが当たる?! と噂の鯛菓子「金華糖」。創業から90年以上の老舗が届ける唐津の伝統菓子はお土産にもおすすめ。また、夜からはビストロとして営業しており、創作欧風料理やワインなどを楽しめる。

篠原三松堂

佐賀県唐津市魚屋町 2006
TEL 0955-72-4406
[営業時間] 11：00 ～ 18：00、19：00 ～ 24：00
https://www.facebook.com/taigasi/

Information

宝当神社

佐賀県唐津市高島523
TEL 0955-74-3715
[参拝時間] 8：00 ～ 17：00
[御朱印料] 300 円
(御朱印・御守の授与 8：00 ～ 17：00)
[アクセス] 唐津宝当桟橋より船で10 分。高島港より徒歩 3 分
http://houtoujinja.jp

御朱印

記載される字は明治時代から伝わる元来の漢字名

Pick up

藤棚満開の図を織り込んだ御朱印帳は一冊 1,500 円

御朱印帳の他にも個性的なお守りも用意しており、こちらも人気だそう。雅守（セレブ守）、800 円

「勝利をつかむ守」各 800 円。裏面には菖蒲の花やトンボ、月をあしらった飾りが施され、縁起の良い模様も気分を高めてくれる

目の前に海を臨む

田島神社

＊佐賀／呼子

写真におさめたくなる絶景を前に

呼子の北、加部島に鎮座する「田島神社」は、田心姫尊、湍津姫尊、市杵島姫尊という三女神を祀り、商売、海上交通の守護神として知られています。鳥居は海に向かって建てられており、港に面したロケーション。その歴史は古く、肥前国最古の神社とされ、九州で最も古い神社のひとつです。創建は不詳とされていますが、社伝によると天平三（七三一）年に稚武王を配祀したと記されています。境内には、源頼光が肥前守として都より下向したときに寄進したと伝えられる「頼光鳥居」があり、こちらは佐賀県下で最も古いもの。また、戦前は国が管理していた旧国幣中社で、格式高いことでも有名です。境内には、「肥前国風土記」に記された松浦佐用姫伝説にまつわる「佐用姫神社」も祀られており、恋愛成就の神としても幅広い世代の人々が足を運んでいるようです。

海上安全の神、商売繁盛の神とともに、境内に佐用姫神社があることから恋愛成就の神としても名高い

お参りのあとに♪

天気のいい日は壱岐まで見渡せる公園。一際目を引く風車が目印となる。屋内にはくつろげるスペースもあるので、ドライブの休憩にもGOOD

風の見える丘公園

佐賀県東松浦郡呼子町
加部島 3279-1
TEL 0955-82-5159
［営業時間］
〈レストラン〉 9：00 ～ 17：00
不定休

Information

田島神社

佐賀県唐津市大字加部島3956
TEL 0955-82-3347
［参拝時間］ 7：00 ～ 17：00
［御朱印料］ 300 円
（御朱印・御守の授与 8：30 ～ 17：00）
［アクセス］ 大手口バスセンターより昭和バス呼子行に乗り、バス停加部島中部より徒歩３分

御朱印

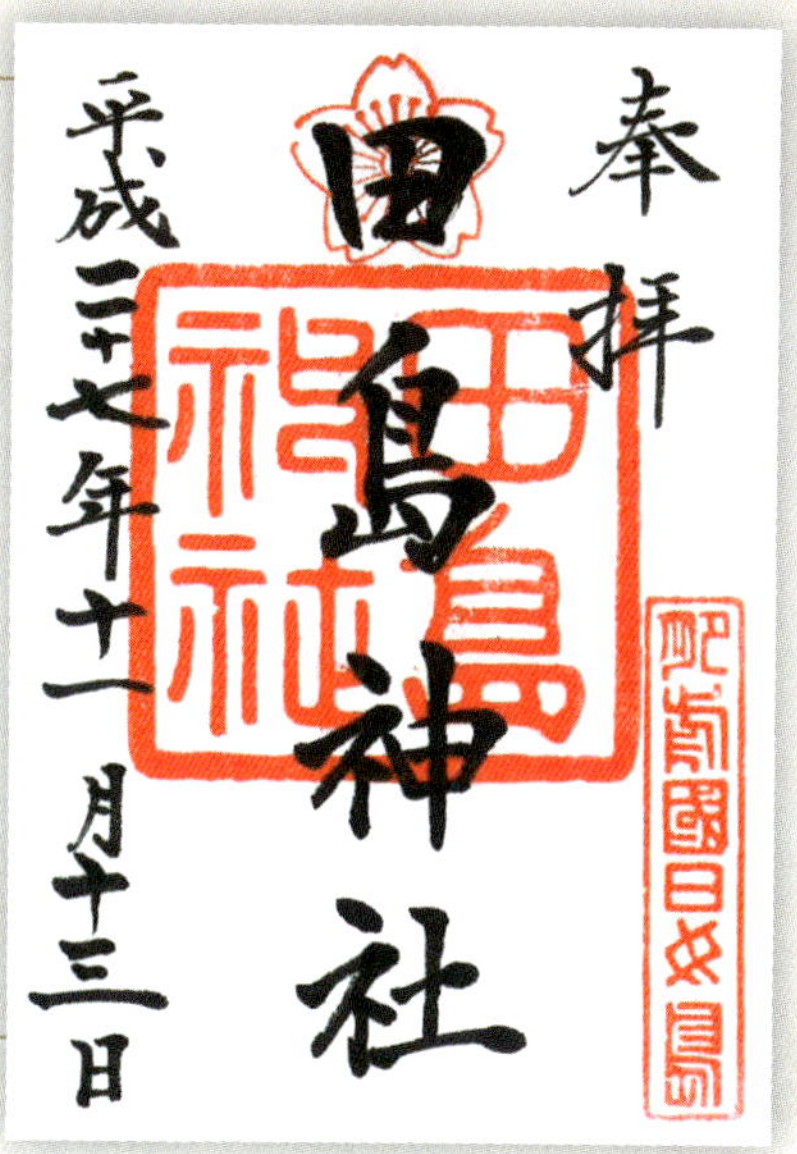

桜の社紋が押印されている。境内下の社務所にて受付

Pick up

佐用姫神社を訪れて、帰りにこのお守りを買って帰る人も

「力石」と呼ばれる石。ここを訪れた大名たちが石を持ち上げて力自慢をしたという記録が残っており、その際に使われたとされる石がこちら

田島神社は、海上安全、縁結びの他にも、開運厄除けや五穀豊穣の御利益があるとされ、お守りの種類も多様。お守りは各 600 円

感謝の心が、縁結びにつながる

男女《なんにょ》神社

＊佐賀／大和

縁結び、子宝のお礼参りがたくさん

佐賀平野を一望できる山の中腹にあるこちらは、縁結び、子宝、安産、夫婦家庭円満の御利益があるということから、若い女性に人気の神社。ここから眺める佐賀の夜景も美しいことから、夜になるとカップルで訪れる人々も。

参拝者名簿にはお願いごとを書く人が多い一方で、それにも増して多いのが「お礼参り」の言葉の数々。「ここにお参りしてからすぐに、彼氏ができました」「八年不妊に悩んでいましたが、第一子を無事出産しました」「良縁に恵まれました」といった喜びにあふれた直筆の文字がずらりと並んでいます。「年間に八〇名くらいは『授かりました』とお礼参りに来てくださるんです」と禰宜の西寄さん。願が叶う神社として、県内外で知る人ぞ知る存在のようです。

山の麓にある一の鳥居の横は、春には田んぼが色とりどりのチューリップ園に変わり、境内の桜とともに気分を盛り上げてくれます。

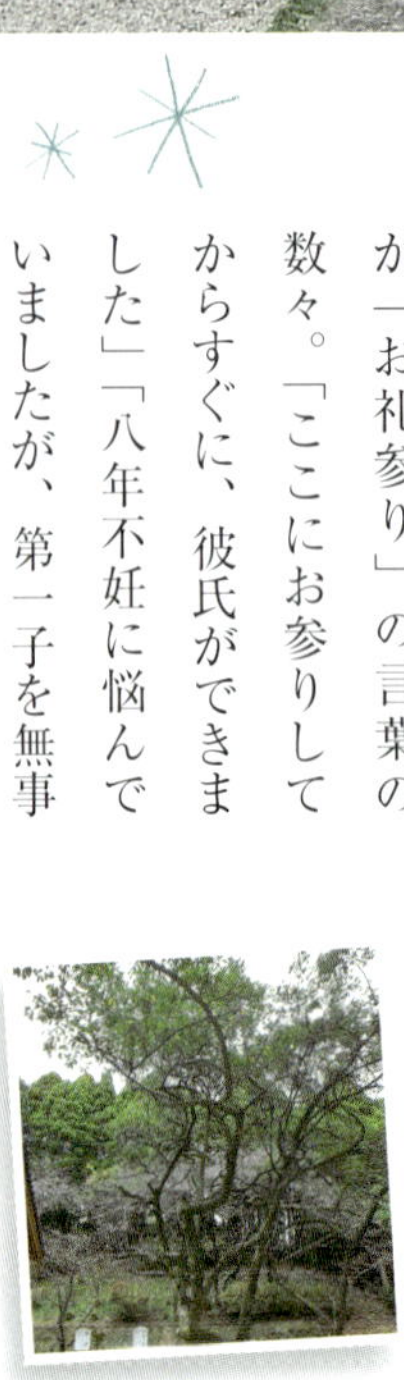

樹齢200年の招霊（おがたま）の木。神々しさすら感じる枝振り

お参りのあとに♪

参拝後にちょっと贅沢なランチはいかが？ 立派な店構えのこちらは、佐賀に複数店舗展開する和食料理店。特にお昼の日替わりランチ（972円）はボリュームたっぷりでおすすめ。

魚亭　菊や

佐賀県佐賀市大和町川上 168-2
TEL 0952-51-2628
［営業時間］11：00～21：30
（14：00～17：00 準備中）
不定休

Information

男女神社

佐賀県佐賀市大和町久留間 4980
TEL 0952-62-1951
［参拝時間］6：00～17：00
［御朱印料］300円
（御朱印・御守の授与 7：00～17：00・不在時は郵送可）
［アクセス］JR 長崎本線小城駅より車 20 分
http://nannyojinja.or.jp/

御朱印

「感謝」と書かれているのが印象的。「日々の感謝の心が、神様に通じて初めて願いが叶うのです」と禰宜の西寄さん

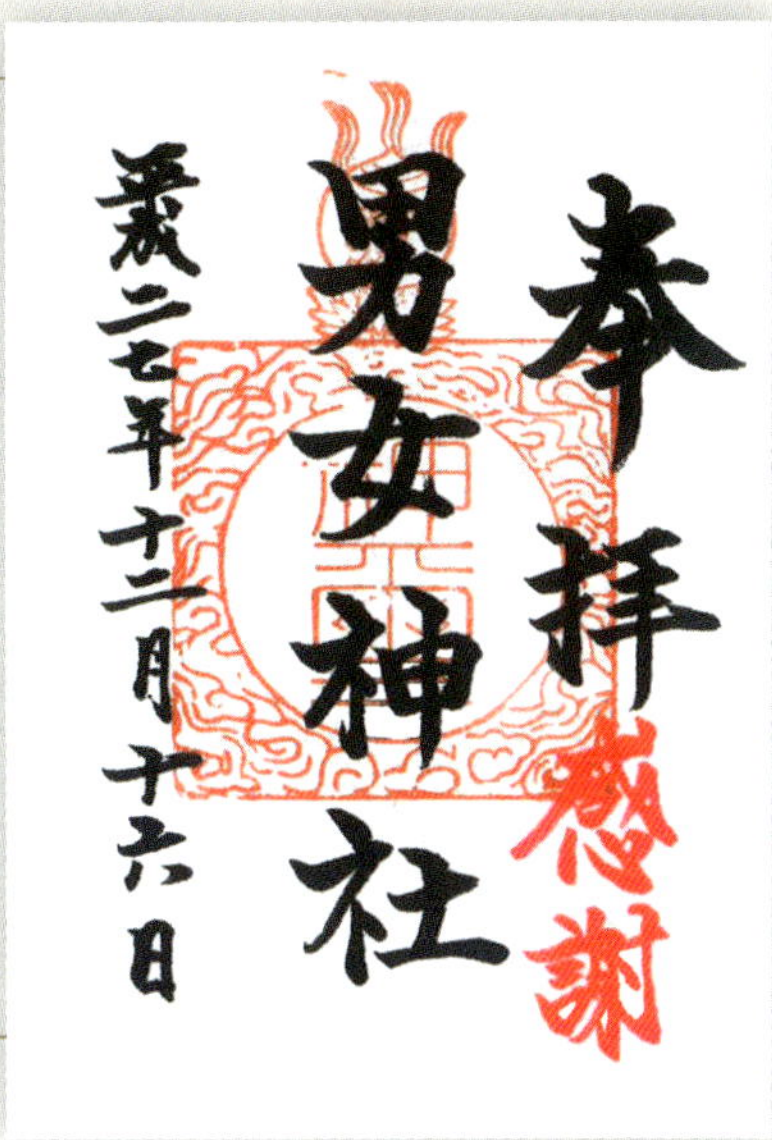

Pick up

安産御守（左）　800円
安産願い御守（右）600円
安産御守は、妊婦さんがお腹帯に入れてお腹の赤ちゃんを守っていただく御守。安産願い御守はご主人やご家族が安産を願って持つものだそう

縁結び絵馬ハート型
600円
オリジナルのお札にはイザナギノミコトをモチーフにしたなぎとくんとイザナミノミコトのなみのちゃんが描かれていてかわいい

Must item

縁結まもり　600円
縁結の勾玉と巾着のセット。一番人気はやっぱり、ピンク

佐嘉神社

八社詣巡りで御利益も八倍！

＊佐賀／松原

八社詣巡りができる佐賀を代表する社

鍋島家の始祖、鍋島直茂公を祀る神社として、一七七二（安永元）年に創建された松原神社と、佐賀藩十代藩主直正公と十一代藩主直大公を祀る佐嘉神社に加えて、さまざまな御利益をいただける六社を巡りお詣りする八社詣巡りができるのが特徴で、それぞれに開運や家内安全、学問、芸道、水難避け、厨房の神などの神様が御利益を授けています。

また、入ってすぐ目に入るのは、勇ましいカノン砲。毎年一月一日の午前〇時には祝砲が放たれ、大きな響きで新年を祝います。その他にもぜんざい祭りや流し雛神事など、年間を通して非常に多くの祭事を行っていることでも有名。

戦国武将でもある藩祖を祀った神社だけに、「勝ち」にこだわった必勝祈願も多くなされており、佐賀県の県鳥でもあるカチガラスをモチーフにした勝守は、スポーツ選手などにも人気です。

五番社の松原恵比須社は開運・招福・商売繁盛・くじ当選の神様。宝くじ当選の「当たり恵比須」として人気！

お参りのあとに♪

佐嘉神社目の前のお堀の中にある美術館。併設された博物館の館内にはカフェもあり、ゆっくりと佐賀の芸術を楽しむことができる。

佐賀県立美術館

佐賀県佐賀市城内 1-15-23
TEL 0952-24-3947
[開館時間] 9:30 ～ 18:00
[休館日] 月曜日
(その他臨時休館日は web サイトもしくはお電話で御確認ください)

Information

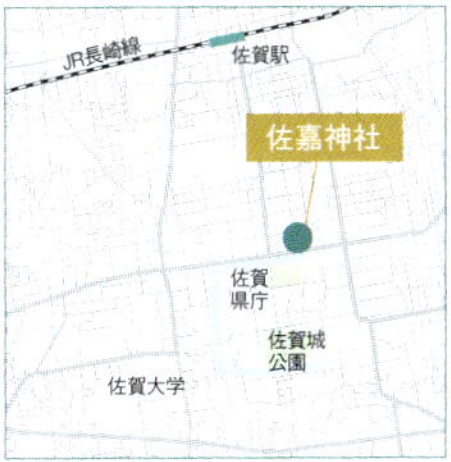

佐嘉神社

佐賀県佐賀市松原 2-10-43
TEL 0952-24-9195
[参拝時間] 5:00 ～ 18:00
[御朱印料] お気持ち
(御朱印・御守の授与 8:30 ～ 17:00)
[アクセス] 市営バス佐嘉神社前バス停目の前
http://www.sagajinjya.jp

御朱印

一番社である佐嘉神社の御朱印。このほか八社それぞれで御朱印をいただくことができる

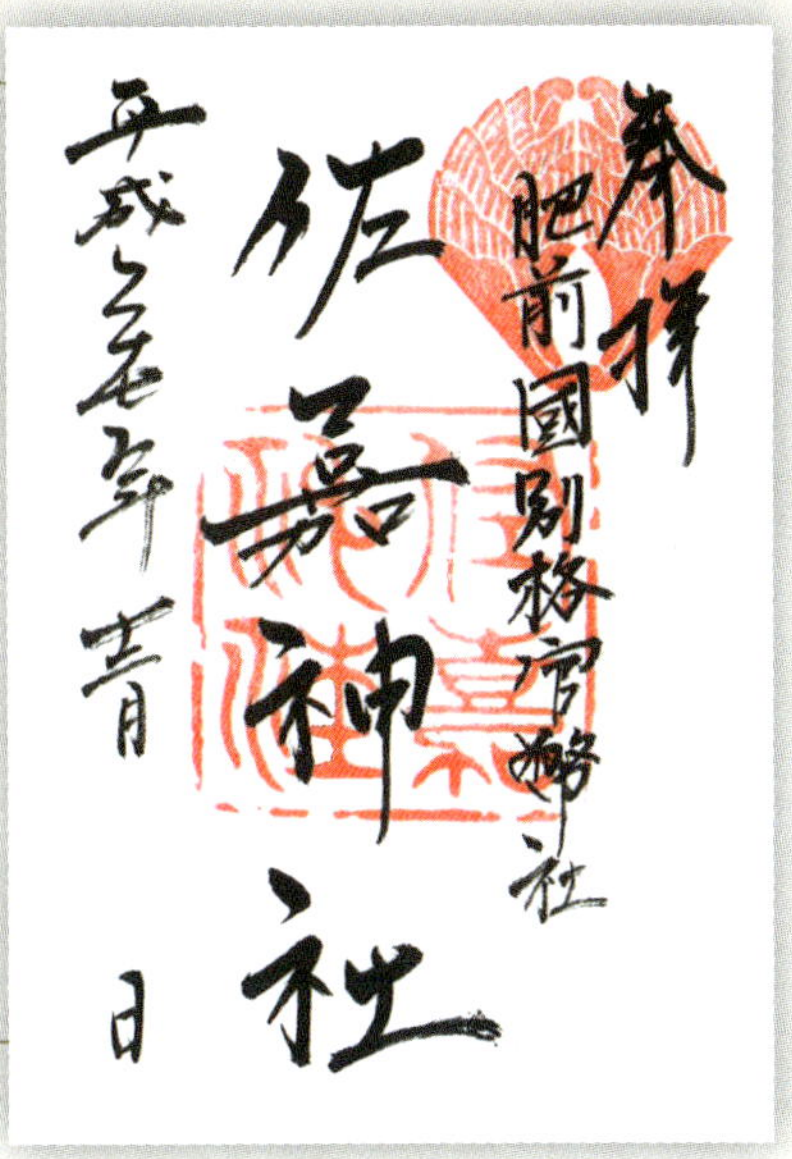

Pick up

本水晶腕輪守　2,000 円
御祈願された石からは何らかのパワーがもらえそう。伸びる素材のためフリーサイズで男女兼用で使える

Must item

勝守　800 円
県鳥カチガラスが織り込まれた必勝祈願の御守

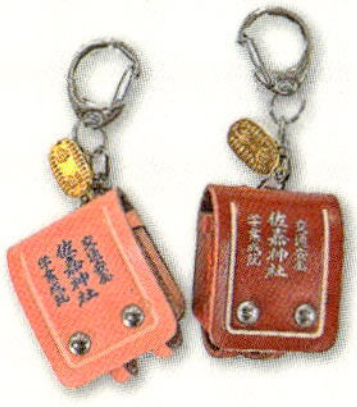

ランドセル型御守
800 円
思わずお子さんのランドセルに付けたくなるほど、キュート

健康長寿守　700 円
ひょうたんに無病息災の願いを込めて

朱塗りの神殿が美しい

祐徳稲荷神社

＊佐賀／鹿島

朱色の社殿が美しい

日本三大稲荷の一社に数えられる祐徳稲荷神社は、一六八七年の創設以来、衣食住の守護神として人々の信仰を集め、現在では年間三〇〇万人の参拝客が訪れるなど佐賀観光の要所としても知られています。近年は、海外からの観光客も多く、特にドラマロケ地となった縁でタイの人たちを中心に人気が高まっています。

本殿は地上約二〇メートルの高さに造られていて、階段を上がりお参りをします。山の緑を背景に朱色の神殿が映えるその美しさから「鎮西日光」とも呼ばれており、日本固有の神殿建築の高い技術力と美しさを広く伝えています。また、体の不自由な方や高齢者も気軽に本殿への参拝ができるようにと二〇一六年にエレベーターを設置予定。より多くの笑顔が集まる神社へと進化しています。

御手水の水は多良岳山系の地下水を汲み上げている

境内、外苑はお花満載

祐徳稲荷神社は、四季折々の花々が咲き誇る九州屈指の人気撮影スポットでもあります。外苑の桜や境内の銀杏など、季節ごとの美しさが広がるなか多くの写真家たちがカメラを片手に時を忘れてシャッターを切る姿は、季節の風物詩。山の麓に造られている日本庭園では、梅や牡丹、紫陽花など四季折々の花々が咲き誇り、そして外苑東山では五万本ものツツジや藤棚、コスモス畑が広がっています。ちょっと体力に余裕がある人は、本殿の先の石段を上がってみましょう。山頂には命婦大神を祀った奥の院が置かれており、そこから鹿島市内と有明海を一望することができます。

写真提供：佐賀県観光連盟

敷地内の日本庭園は四季の彩り豊か！

御池に掛かる太鼓橋を渡ると、立派な朱塗りの楼門が出迎えてくれる

Pick up

「勝守」は、部活を頑張る学生さんから仕事を頑張るサラリーマンまで幅広く応援してくれる。600円

Must item

御朱印

御朱印を受けると、オリジナルのあぶらとり紙がいただける。何とイラストは巫女さんの作品！

Lovely!

女子に人気の「キレイ守」「かわいい守」。理想に一歩近付いちゃうかも？　800円

様々なことが上手くいくように導いてくれる「うまくいく守」。600円

お参りのあとに♪

歴史ある漬蔵で誕生した「百年ピクルス」。地元の無農薬野菜を中心に九州でとれた新鮮な野菜を使った見た目も可愛いピクルス。

漬蔵たぞう

佐賀県鹿島市
浜町 1192
TEL 0954-63-2601
[営業時間] 9：00 ～ 16：30
不定休

Information

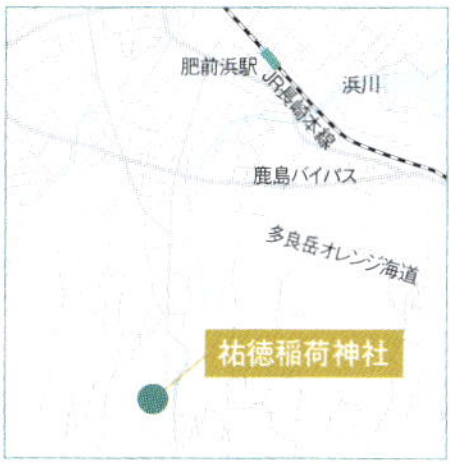

祐徳稲荷神社

佐賀県鹿島市古枝 1855
TEL 0954-62-2151
[参拝時間] 終日
[御朱印料] 300 円
(御朱印・御守の授与 9：00 ～ 17：00)
[アクセス] 祐徳バス祐徳稲荷神社前バス停よりすぐ
https://www.yutokusan.jp

ピンクと紺色、2 種類の御朱印帳があり、表には朱塗りの楼門と美しい本殿が描かれている。各 1,000 円

詩人・野口雨情が「福と運との授け神」と詠った祐徳稲荷神社。「商運守」にご利益を頂こう 600 円

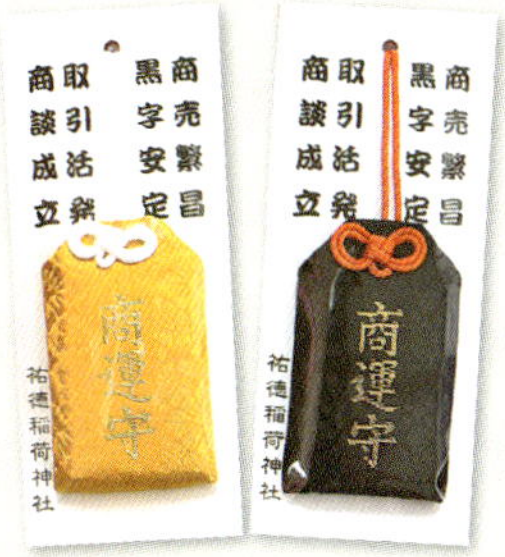

参道のお土産店では「稲荷ようかん」をお忘れなく。羊羹を少しずつ筒から押し出し、糸で切って食べるユニークな名物。1 本 200 円

武雄神社

夫婦檜に鈴をかけよう

＊佐賀／武雄

樹齢三〇〇〇年の大楠と夫婦檜に願いをこめて

　武内宿禰《たけうちのすくね》・武雄心命《たけおこころのみこと》・仲哀天皇《ちゅうあいてんのう》・神功皇后《じんぐうこうごう》・応《おう》神天皇《じんてんのう》の五柱の神を総じた、武雄大明神。なかでも、神功皇后と仲哀天皇の夫婦の神様が宿る夫婦檜は、に本の檜の根本が繋がっており、木の中程でも太い枝が合着しています。その寄り添う姿から、夫婦和合と縁結びの象徴として信仰を集め、お参りする女性が県内外から訪れます。

　夫婦檜には願いを込めた宝来鈴がたくさん奉納されています。想いを込めて鈴を結び、音を鳴らして拝礼することで、さまざまな縁が結ばれるといいます。願いごとに宝来鈴の紐の色を選ぶことができ、赤は恋愛成就、黄色は商売繁盛と金運向上、そして白は心願成就だとか。御神木である樹齢三〇〇〇年の「武雄の大楠」とともに、必ずお詣りしたいスポットの一つです。

樹齢3000年の「武雄の大楠」。近くまで行くと自然への畏怖すら感じさせる

お参りのあとに♪

武雄神社から徒歩3分、目の前にあるのが武雄市図書館だ。館内のスターバックスコーヒーで購入した飲み物は、閲覧スペースに持ちこむことができるので、コーヒーを飲みながらゆっくり本を楽しもう

武雄市図書館・歴史資料館

佐賀県武雄市武雄町武雄 5304-1
TEL 0954-20-0222
［開館時間］9：00 ～ 21：00
無休

Information

武雄神社

佐賀県武雄市武雄町武雄 5335
TEL 0954-22-2976
［参拝時間］終日
［御朱印料］300 円
（御朱印・御守の授与 9：00 ～ 17：00）
［アクセス］JR 武雄温泉駅より
徒歩 25 分
http://takeo-jinjya.jp/

御朱印

大楠の印には金粉が使われており、中央の印は某番組で日本一に輝いた職人により作られている

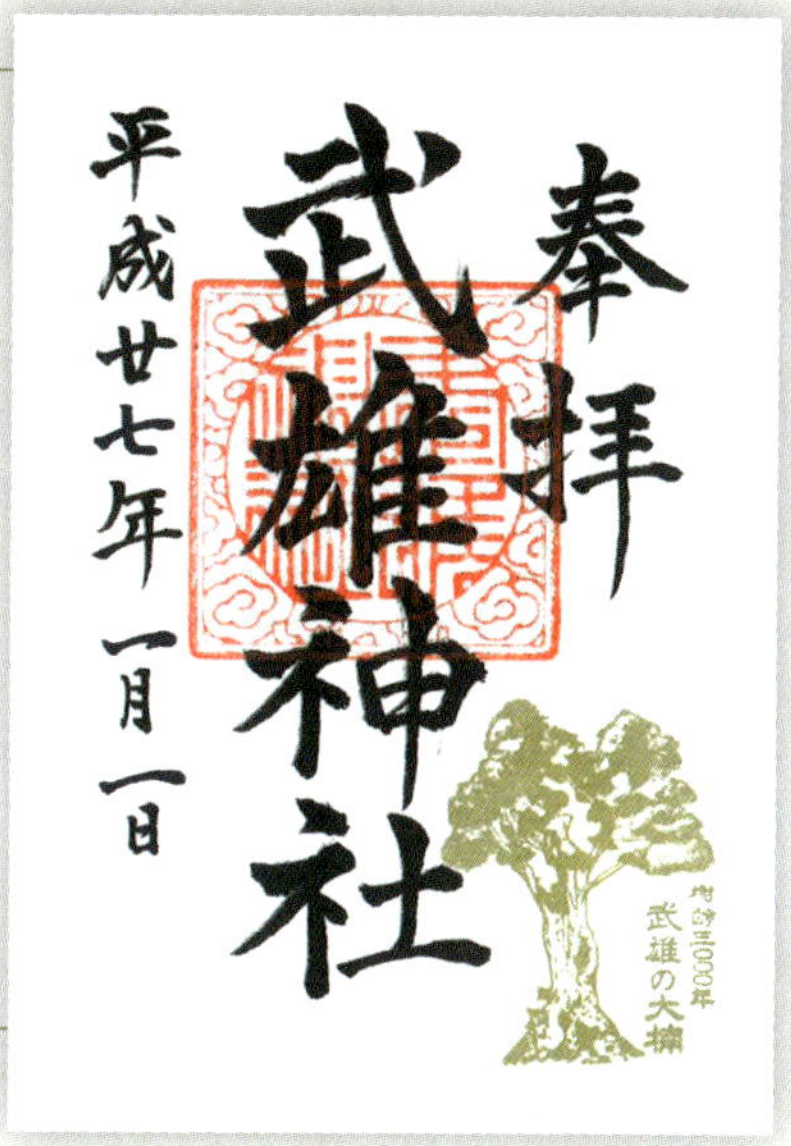

Pick up

大楠守　1,000 円
大楠の特徴にあやかった願意を、楠の木の中で御祈願したお守り

勝守　800 円
源頼朝直筆の花押（サイン）を写字して織り込んだお守り。さまざまな障害や困難に打ち勝つよう御祈願されている

願掛け宝来鈴　200 円
それぞれの願いに合う紐の色を選んで、夫婦檜から垂れる鈴緒に結んでお詣りを

安産母子御守　1200 円
お母さんとお腹の赤ちゃんをつなぐお守り。子守りの紐を、お母さん守りの紐にしっかりと結び付けて

陶山《すえやま》神社

日本を代表する、陶磁器の守護神

＊佐賀／有田

焼き物好きの聖地 陶磁器がいっぱい！

狛犬に灯篭、大水瓶や太鼓…それら全てが陶磁器でできているという、非常に珍しい神社。日本で初めて磁器が焼成された町・有田にふさわしい、他では見ることのできないユニークな社です。境内にある有田焼の美しい狛犬を鑑賞したら、ぜひ本殿内の狛犬にも注目。こちらには、世界的アーティストの小松美羽氏が手掛けた有田焼の狛犬が鎮座しています。同じものが大英博物館にも永年展示されているのだとか。現代アートともいえる姿の狛犬ですが、不思議とこの空間に馴染んでいます。

春には桜、そして秋には紅葉と季節ごとに美しい景色を楽しむことができますが、もう一つ特筆すべきは敷地内に線路が通っていること。鳥居のすぐそばを列車が走るという面白い構図を求めて、鉄道ファンのみならずアマチュアカメラマンにも人気のスポットです。

小松美羽氏が手掛けた狛犬。独特のかわいらしい表情に惹きつけられる

お参りのあとに♪

このエリア一帯は「有田内山重要伝統的建造物群保存地区」に選ばれており、町を歩くだけでさまざまな建造物を見ることができる。漆喰壁の町屋や洋館などを、カメラ片手にのんびりお散歩はいかが？

有田内山の町並み

佐賀県西松浦郡有田町

Information

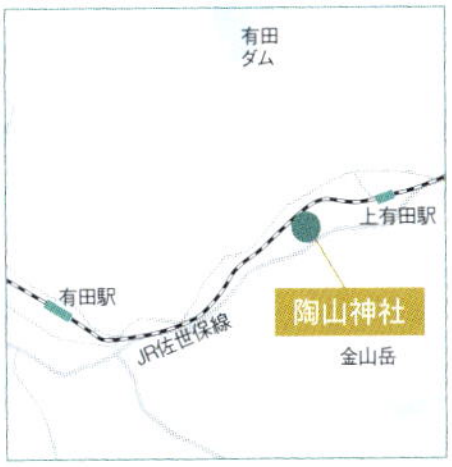

陶山神社

佐賀県西松浦郡有田町大樽 2-5-1
TEL 0955-42-3310
［参拝時間］終日
［御朱印料］300 円
（御朱印・御守の授与 9：00 ～ 17：00）
［アクセス］JR 有田駅 より車 10 分
http://arita-toso.net

御朱印

陶祖・李参平が祀られているため、「有田焼陶祖神」と書かれている。有田のみならず、全国から窯元や陶磁器を扱う人々が訪れる

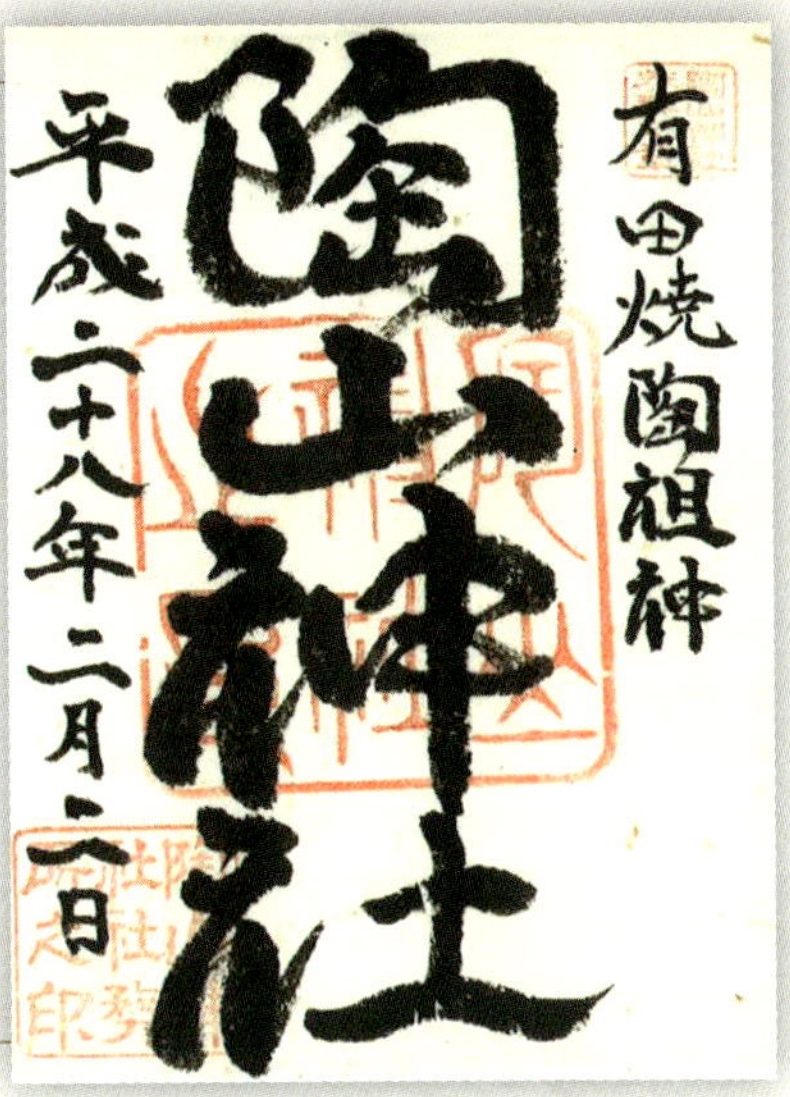

Pick up

Must item

交通安全御守り
各 800 円
表には磁器製の御守り、裏には狛犬の刺繍が

車に付けるとインテリアとしてもかわいい

Lovely!

家内安全お札
1,200 円
威風堂々とした、威厳あふれるお札

境内の至る所で磁器を目にすることができる

勾玉　500 円
ミニ絵馬　500 円
磁器製の御守りはなんと全て宮司の手作り！一つひとつ微妙に色合い等異なるので、自分が気にいるものを探し出すのも楽しい

コラム・四季の観光スポット　佐賀編

春

伊万里の焼物

焼物の町として知られる伊万里は、新たな技術を取り入れながらも伝統の技法を守り続ける窯元が多数あります。町中に壺が飾られていたり、伊万里焼のモザイクが使用された橋があったりと至るところに焼物が。毎年春と秋には陶器市が開かれ、各窯元をめぐりながら伊万里焼の世界に触れることができます。

佐賀県伊万里市大川内山

夏

呼子のイカ

イカの町として知られる呼子の楽しみは透明なイカの活き造りだけではありません。元旦以外の日には毎朝朝市が開催され、海産物だけでなく野菜や果物など様々な物が売られています。また６月第１土曜日、日曜日に行われる「呼子大綱引」では、老若男女が直径 15cm、長さ 400m の大綱を引き合い、豊作か大漁かを占います。

佐賀県唐津市呼子町　朝市　毎朝 7：30 ～ 12：00 頃

秋

嬉野温泉秋まつり

日本三大美肌の湯として名高い嬉野温泉の秋は賑やかなお祭りで盛り上がります。名物の、温泉水で煮込んだとろとろの湯豆腐を大鍋で振る舞う湯豆腐フェスタや、道踊り、産業祭があちらこちらで開催されています。温泉が嬉しい季節、身も心も温まりましょう。

期間　毎年11月3日　嬉野温泉商店街、温泉公園

冬

たらカキ焼き海道

牡蛎小屋が並ぶ国道 207 号線は「たらカキ焼き海道」と呼ばれ、有明海を眺めながら焼牡蛎を楽しめるグルメスポットです。この地域で育てられた牡蛎は「竹崎カキ」と呼ばれ濃厚な味わいが特徴です。各小屋ではこの「竹崎カキ」だけでなく特産の「竹崎カニ」も味わうことができます。

佐賀県藤津郡太良町

コラム・鳥居の種類

鳥居は神社の神域への入口を示す門です。数多くのバリエーションがありますが、代表的ないくつかを見てみましょう。

神明鳥居

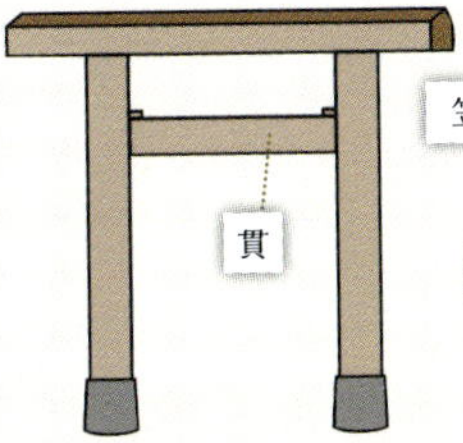

柱は垂直に立ち、貫（ぬき）が外側に突き出ない。

明神鳥居

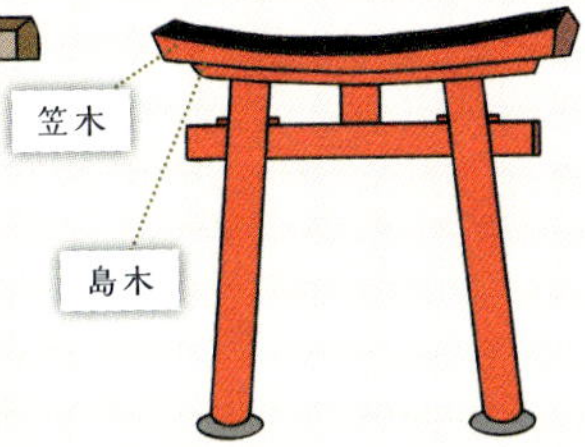

柱が八字形に広がり、笠木（かさぎ）と島木は反っている。

山王鳥居

明神鳥居の上に破風（はふ）形の合掌造りが加えられている。

稲荷鳥居

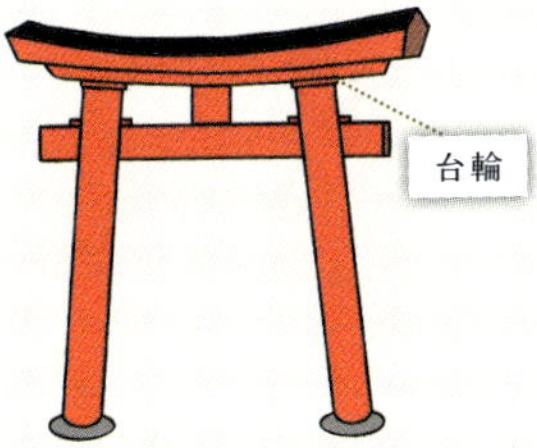

明神鳥居と同じ形だが、柱の上に台輪がある。

春日鳥居

笠木・島木は直線で、先端は垂直。

八幡鳥居

春日鳥居と似ているが、笠木・島木の先端が斜め。

三輪鳥居

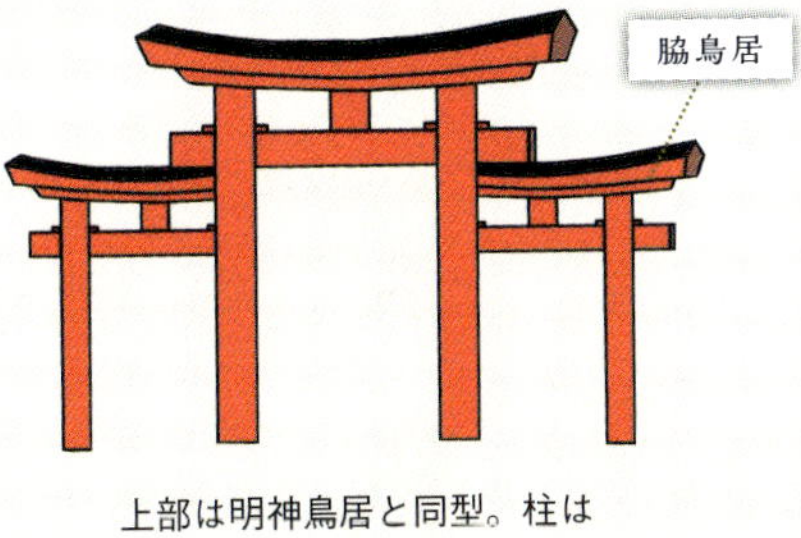

上部は明神鳥居と同型。柱は垂直。左右に脇鳥居を加える。

両部鳥居

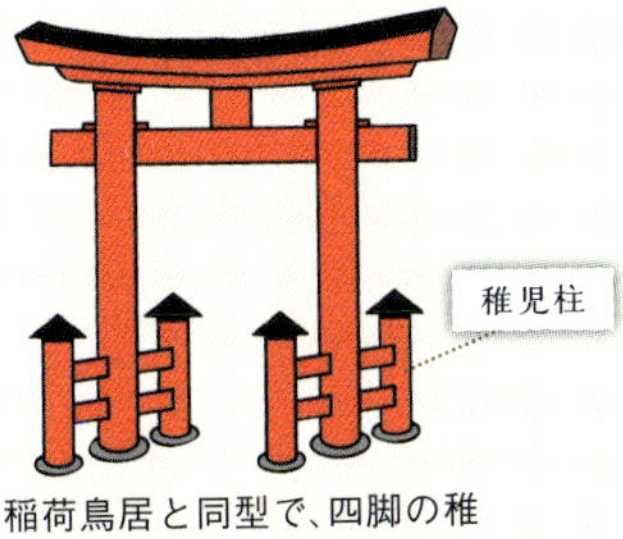

稲荷鳥居と同型で、四脚の稚児（ちご）柱が付いている。

他にもたくさん！ 御守ガイド

運気アップ&健康を願う御守

金運御守
1,000円
日吉神社（P82）
財運を栄えさせる御守護がある御守。金色の御守を身につけて金運を呼び寄せよう。

運気龍昇御守
800円
篠崎八幡神社（P74）
龍神へと姿を変えた大蛇の言い伝えが伝わる篠崎八幡神社で人気の御守。勇ましい龍神が描かれた御守が強い運気をもたらしてくれるかも。

五色無病息災守
500円
日吉神社（P82）
身体の五ぞう（肝臓、心臓、肺臓、脾臓、腎臓）を表わす五色のひょうたんが身体の不調を遠ざける無病息災守。

開運招福
800円
春日神社（P56）
福を招いて運を開く鈴の澄んだ音が人気の御守。大切な人への贈り物としても喜ばれそう。

肌守　700円
戸上神社（P70）
門司区大里の産土神として地域の人々から愛されている社殿をデザインした御守。災い除けとして、肌身離さず身に着けておきたい。

恋に効く!?御守

安産御守　800円　宇美八幡宮（P48）

安産や育児の神様を祀るお宮として親しまれている宇美八幡宮の安産御守は、シンプルなデザインが特徴の妊婦さん御用達の定番品。

女性の御守

800円

飯森神社（P50）

女性特有の病気から守ってくれるとともに、心から願う願い事が叶うよう御祈願された御守。縁結びとしても知られる飯盛神社で手にとりたい御守のひとつ。

クリスタルハート守
（ピンク・水色・黄色）

各800円

恋木神社（P92）

恋の神様が二人の仲を取りもつ恋愛成就の御守。身につけていると良い縁を結びつけてくれる。

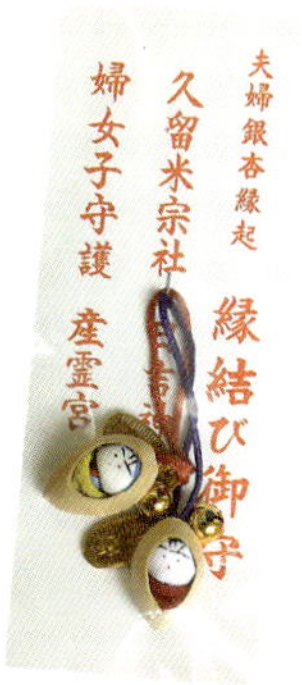

縁結び御守

700円

日吉神社（P82）

縁結び、子授け、安産の御神木として親しまれる400年以上も仲良く並び立つ夫婦銀杏の殻を使用した縁結び御守。仲良く並んだ姿が可愛らしい。

梛の葉守　300円

結び守　500円

三柱神社（P84）

神木である梛の木は縁が切れないようにとの願いを込めて身につけるとご利益があると言われている。男女の仲だけでなく仕事の運や商売繁盛にも。

ご利益いろいろ＊かわいい御守

梅守
1,200円
太宰府天満宮（P10）
飛梅伝説の残る太宰府天満宮に植えられている梅の実の種を一粒ずつ本絹織の袋に包んだお守り。梅を愛した天神さまが見守ってくれる。

御守
600円
勅命社 風浪宮（P90）
勝運や導きの神が祀られる風浪宮の御守。海の神様が災厄から身を守り勝利に導いてくれる。

合格御守　500円
高良大社（P78）
芸能の神様として有名な高良大社。受験合格だけでなくオーディション合格にもいいかも。身につけたり、特定の場所に保管して。

キティー肌守
各800円
宮地嶽神社（P60）
赤・青の２色を用意した十二単を身につけたキティーお守りは宮地嶽神社限定の肌守。鈴のついたかわいらしいお守りはお土産にも喜ばれそう。

月読宮常若御守
700円
日吉神社（P82）
日吉神社境内にある月読宮の御守。月読宮は常若の社と言われ、若返り、眼病平癒の信仰が篤い。年中でもっとも美しい中秋の名月の夜に作られている御守。

他にも！ユニーク小物

吉祥鶴亀

1,000 円

愛宕神社（P40）

長寿の象徴である鶴亀が可愛らしくデザインされた縁起物。健康・長寿や、財運アップの御利益があるそう。

幸せをつかむ箸

500 円

日吉神社（P82）

「難を転じる」に通じることから厄除けの木とされる南天。お清めされた白南天の箸は幸せをつかむとしてお食い初めなどの祝い事の席や日常使いとして。

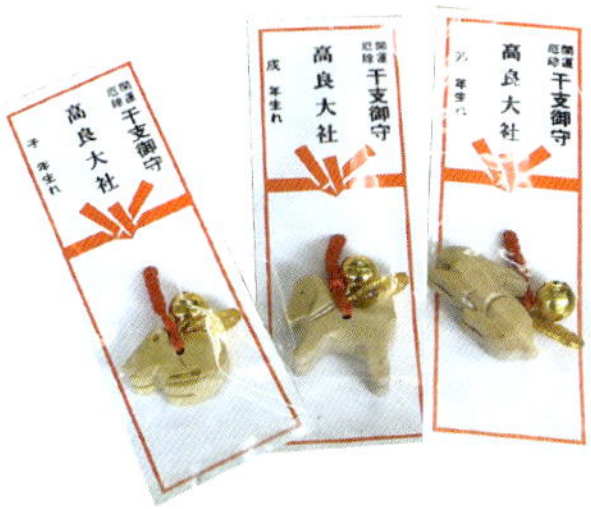

干支御守（つげ）

500 円

高良大社（P78）

つげで作られた干支御守。厄を除けて福を招くご利益がある。自分の生まれ年で選ぼう。干支御守には錦織りバージョンもある。

河童面

1,500 円

水天宮（P86）

水天宮の使いである河童の「福太郎」。このお面を鬼門・悪方に掲げると災いを除け商売繁盛のご利益があり、台所に掲げると火難を防ぎ、家運繁栄をもたらすといわれている。

干支みくじ　500 円

宝満宮　竈門神社（P14）

毎年参拝して十二支を揃えたくなる可愛らしさ。人形の足元に運勢が書かれており、大吉でなくても見ているだけで嬉しくなりそう。

ちりめん
ペットの御守

500 円

福岡縣護國神社（P22）

肉球がぽんと描かれているお守り。ペットの健康と安全を願って飼い主さんが自分のお財布につけたり、首輪につけてあげることも。

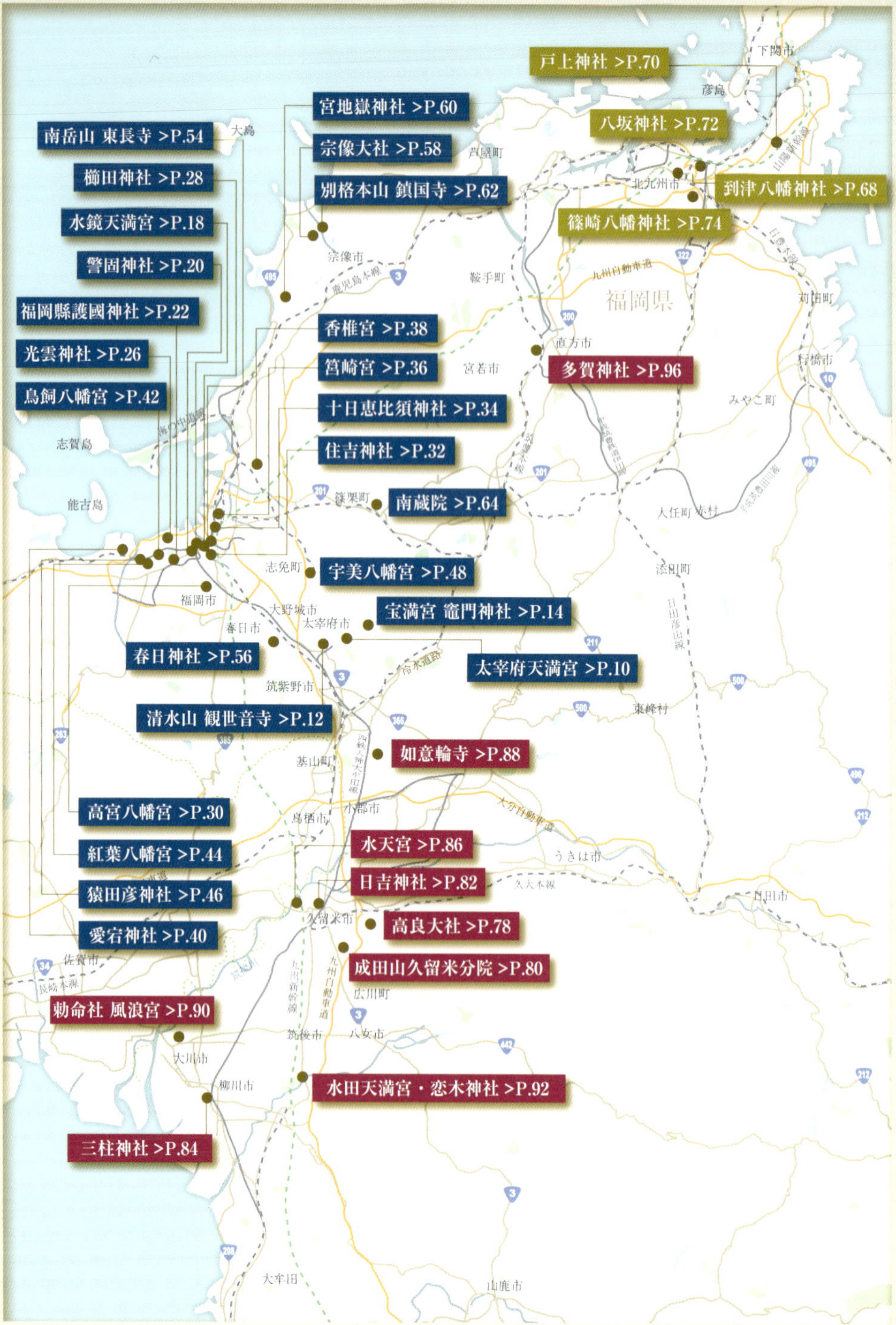
戸上神社 >P.70
八坂神社 >P.72
到津八幡神社 >P.68
篠崎八幡神社 >P.74
宮地嶽神社 >P.60
宗像大社 >P.58
別格本山 鎮国寺 >P.62
南岳山 東長寺 >P.54
櫛田神社 >P.28
水鏡天満宮 >P.18
警固神社 >P.20
福岡縣護國神社 >P.22
光雲神社 >P.26
鳥飼八幡宮 >P.42
香椎宮 >P.38
筥崎宮 >P.36
十日恵比須神社 >P.34
住吉神社 >P.32
南蔵院 >P.64
多賀神社 >P.96
宇美八幡宮 >P.48
宝満宮 竈門神社 >P.14
春日神社 >P.56
太宰府天満宮 >P.10
清水山 観世音寺 >P.12
如意輪寺 >P.88
高宮八幡宮 >P.30
紅葉八幡宮 >P.44
猿田彦神社 >P.46
愛宕神社 >P.40
水天宮 >P.86
日吉神社 >P.82
高良大社 >P.78
成田山久留米分院 >P.80
勅命社 風浪宮 >P.90
水田天満宮・恋木神社 >P.92
三柱神社 >P.84
下関市
彦島
大島
芦屋町
北九州市
宗像市
鞍手町
福岡県
苅田町
直方市
宮若市
行橋市
みやこ町
志賀島
能古島
篠栗町
志免町
福岡市
大野城市
春日市
太宰府市
筑紫野市
添田町
東峰村
基山町
小郡市
鳥栖市
うきは市
日田市
久留米市
佐賀市
広川町
筑後市
八女市
大川市
柳川市
大牟田
山鹿市
九州自動車道
大分自動車道
鹿児島本線
久大本線
長崎本線
日豊本線
九州新幹線

御朱印めぐりマップ
志賀海神社 >P.52
田島神社 >P.104
飯盛神社 >P.50
雷山千如寺大悲王院 >P.24
宝当神社 >P.102
與止日女神社 >P.100
男女神社 >P.106
佐嘉神社 >P.108
陶山神社 >P.116
武雄神社 >P.114
祐徳稲荷神社 >P.110
大島
壱岐島
志賀島
海の中道線
能古島
馬渡島
糸島市
福岡市
春日市
筑肥線
玄海町
唐津市
佐賀県
鷹島
福島
松浦市
唐津線
長崎自動車道
多久市
小城市
佐賀市
長崎本線
伊万里市
佐々町
有田町
佐世保線
武雄市
佐世保市
白石町
大川市
柳川市
波佐見町
嬉野市
鹿島市
針尾島
大村線

な

は

ま

や

ら

索引

あ

か

さ

た

月刊はかたについて

昭和63年創刊の月刊誌。福岡、博多を愛する方々へおくる、文化情報誌です。文化・歴史・人を編集の三本柱に、精神的に成熟した大人たちに向けて、良質の本物を紹介する誌面作りを目指しています。人気コーナーは、福岡の歴史や文化、お店などを、独自の視点で紹介する毎月の特集ページ。福岡にゆかりのある、著名な執筆陣による連載も好評です。B5変型という持ち歩きしやすい大きさ。名店・老舗で構成された「福岡の名店百選会」のお店、ホテルなどで差し上げています。福岡市内の主要書店での購入も可能（一部380円）。便利な定期購読のお申し込みは編集室まで。

お問い合わせ先　月刊はかた編集室
〒810-0001　福岡県福岡市中央区天神 4-1-11 8F
TEL 092-761-6606　FAX 092-761-0974　http://www.a-r-t.co.jp/gekkanhakata/

月刊はかた編集室

取材・撮影・本文
上田瑞穂　屋成雄一郎　諸江美佳　中川内さおり
宮本翼　二子石悦子　前原礼奈

デザイン・DTP
勝山晶子　有馬沙里

福岡周辺 ご朱印めぐり旅 乙女の寺社案内

2016年 3月25日　第1版・第1刷発行
2020年 2月 5日　第1版・第5刷発行

著　者　月刊はかた編集室（げっかんはかたへんしゅうしつ）
発行者　株式会社メイツユニバーサルコンテンツ
（旧社名：メイツ出版株式会社）
代表者　三渡 治
〒102-0093 東京都千代田区平河町一丁目1-8
TEL：03-5276-3050（編集・営業）
03-5276-3052（注文専用）
FAX：03-5276-3105
印　刷　三松堂株式会社

ウェブサイト　http://www.mates-publishing.co.jp/
編集長：折居かおる　企画担当：折居かおる　制作担当：清岡香奈